評伝
1985年の OZAKI 尾崎豊

石田伸也

徳間書店

評伝　１９８５年の尾崎豊

本書は「週刊アサヒ芸能」２０１１年４月７日号から４月28日号まで連載された「尾崎豊の残響」をもとに、大幅に加筆・修正し、再構築したものです（文中敬称略）。

評伝　１９８５年の尾崎豊　目次

デザイン　鈴木俊文
（ムシカゴグラフィクス）

序章

大阪

巨大な「壁」が現れた

その年、まだ「昭和60年」と言ったほうが通りも良かった1985年8月25日、大阪・難波のど真ん中にあった大阪球場で、19歳の尾崎豊のスタジアムライブが開催された。それは、デビューからわずか1年8カ月後のことである。

これがどれだけ衝撃的であったのか――。日本の音楽シーンにおいて、ワンマンの球場コンサートは、まだ数えるほどしかなかった。天候に左右されない「屋根付きの球場」が存在しなかったこともあるが、ロックシーンにおいては1978年の後楽園球場での矢沢永吉など、キャリアを重ねて頂点に立った者のみに許される場所であった。

そして、尾崎が立った大阪球場、正式には「大阪スタヂアム」は――、

「球場に入ってまず、この巨大な壁のような造りは何なんだと驚いたんです。本番が始まってお客さんが入ったら、誇張じゃなく、お客さんの姿が壁のように縦にびっしりとステージと向き合っているんですよ」

尾崎のバックバンド「Ｈｅａｒｔ Ｏｆ Ｋｌａｘｏｎ」のリードギター・江口正祥は、素直な驚きを口にした。もちろん、尾崎にとっても彼らにとっても球場でのライブは初め

てではあるが、そのことを差し引いても大阪球場は特殊な構造だった。

なぜならば所在地の難波は、大阪では梅田と並ぶ繁華街にあるため、郊外と違って、面積自体が狭くなることは避けられなかった。そのため、まさしく「すり鉢」のような急勾配となり、特殊な空間が出来上がったのだ。

日本の屋内の会場で比較すれば日本武道館が最も近く、オーディエンスにとっては、キャパシティーのわりに憧れのアーティストと「手が届きそうな距離」を体感できることとなる。それは、江口らミュージシャンにとっても同じだ。

「尾崎にとっても最適な会場だったんじゃないかなと思います。熱いファンの思いが、そのままはね返ってくるような空間でした」

その日、23歳だった筆者も球場にいた。江口が言うように球場の面積は驚くほど狭く、ただし、天に向かってどこまでも高く客席がそびえているように見えた。

そして1曲目、サングラスをかけた尾崎が歌い出したのは「米軍キャンプ」という未発表曲である。この年の5月から始まった「ＴＲＯＰＩＣ　ＯＦ　ＧＲＡＤＵＡＴＩＯＮ　ＴＯＵＲ」で披露されてはいたが、音源として発表されるのは11月28日に発売された３ｒｄアルバム「壊れた扉から」になるため、超満員２万６０００人の多くは知らない曲であった。

しかも、オープニングの定石となるようなアップテンポなナンバーでもなく、感傷的なバラードナンバーだ。尾崎自身の少年時代の情景をモチーフにした曲で、観客はあっけにとられながらも、全集中で尾崎を体に取り込もうとする。

この年、尾崎豊の快進撃は、1月21日に発売したシングル「卒業」がオリコンチャート20位に入り、3月21日に発売した2ndアルバム「回帰線」は、初登場1位という快挙で、世に「尾崎豊ブーム」がうねりを上げて吹き荒れたのだ。

大阪へ「密航」しよう

筆者は当時、東京の喫茶店で働き、合間を縫っては甲斐バンド、浜田省吾、ハウンド・ドッグ、バービーボーイズ、大沢誉志幸、BOØWYなどのライブに足を運んでいた。尾崎に関しても2度目の新宿ルイードや初の日本青年館も観てはいたが、それでも、まさか大阪まで「密航」するとは思わなかった。

当時、仲の良かった音楽好きが集まっては、この夏に何を観に行くかをそれぞれで主張し合った。6月15日には国立競技場が初めて音楽のために解放された「国際青年年記念ALL TOGETHER NOW」が開催され、吉田拓郎、小田和正、財津和夫、松任谷由実からサザンオールスターズ、チェッカーズ、さらには伝説のはっぴいえんどやサディスティック・ミカ・バンドの再結成もあり、豪華ではあったものの、あまり誰も積極的ではなかった。

ところが、尾崎の大阪球場の話になったとたん、誰もが「これは観ておかないと」「東京から乗り込もうぜ」「行こう、行こう」と盛り上がった。

海の向こうでは「バンド・エイド」や「ＵＳＡフォー・アフリカ」など、チャリティーのためにアーティストが集結する動きが目立っていた。国立競技場のイベントも「国際青年年」であることのチャリティーイベントであったが、顔ぶれは豪華でも、何かが揺らぐような衝動は感じられなかった。

それよりも尾崎のほうが——まだ渋谷公会堂や日本武道館という「王道のコース」も踏んでいないのに、一気に飛び越えてスタジアムに進出する。メディアにまるで関係ない場所にいながら、勝手に「歴史の証人」となるべく、まだのぞみ号が運行する前の東海道新幹線ひかり号にそれぞれ乗り込んでいった。

初めて見た大阪球場は当時、パ・リーグの南海ホークスのフランチャイズであった。かつては野村克也が監督と４番打者を兼任し、江夏豊をリリーフ専門にするなど革命的な野球をやっており、常に優勝争いに食い込んだ。だが、１９８５年は最下位に低迷し、やがて１９８８年に福岡のダイエーに売却されてしまう。

ギターの江口が急勾配の造りに驚いたように、それは野球選手たちにとっても、この球場には様々な驚きがあった。特に、内野スタンドの傾斜が37度もあるため「バッターの打球音が銃撃音のようにも聞こえる」という物々しさが名物であったという。ある意味、尾崎にぴったりの球場という気がしなくもない。

南海ホークスの主催試合以外では、西城秀樹が１９７４年から10年間も夏の風物詩としてのコンサートを開催した。尾崎のライブから2年後、１９８７年にはマイケル・ジャクソンが初来日ツアーで使用している。チェッカーズ、サザンオールスターズ、渡辺美里など、関西地区の大規模開催地として親しまれてきた。

尾崎はこの日、さすがのプレッシャーでリハーサル後にいったん会場を飛び出した。バックステージでは、何度となく吐き気に襲われていた。もちろん、ステージ上ではこうした負の部分はおくびにも出さず、いつものように全力の18曲を叩きつける。

それにしても、なぜ1曲目にセオリーを無視して「米軍キャンプ」を選んだのか。その問いに、江口はこう推測する。

「尾崎は常に、どういう形が新しいのかをいろいろ考えていました。ドラムのリズムだけでステージに登場して、静かに歌い出す。いいオープニングだったと思います」

その日、筆者は東京から「密航」した仲間とともに終演後にミナミの居酒屋で落ち合い、いつもの店で交わしているかのようにライブの感想を語り合った。記憶するところでは、やはり「米軍キャンプ」に撃ち抜かれたという声が多かった。

まだデビューから間もなく、アルバムも2枚だけで、スタジアムであっても「集大成」とはならない。冒頭の「米軍キャンプ」だけでなく、この時点では未発表の「Ｆｒｅｅｚｅ Ｍｏｏｎ」を30分近く演奏する尾崎なりの冒険心に満ちていたのだ。

1985年の喧騒

尾崎は東京・練馬に生まれ、のちに埼玉・朝霞に転居した。両親や所属事務所も含め、大阪に地縁はない。東京なら神宮球場、埼玉なら西武球場も候補としてあったはずだが、なぜ初めての大規模イベントが大阪球場だったのか。確実なことはわからないが、おそらく、緊急に近い形で球場規模の開催が決まり、探してみたらここが空いていたということなのだろうか――。

そして１９８５年の夏、奇しくも大阪は、良くも悪くも日本中の耳目を集めることが多かった。野球では阪神タイガースが掛布・バース・岡田を中心に、21年ぶりの優勝を争った。本拠地・甲子園球場は8月に高校野球のため使用できず、他球場への遠征が続く「死のロード」と呼ばれているが一向に勢いは衰えず、見事10月16日に優勝を決め、難波・道頓堀の川にファンが次々と飛び込む過熱現象が始まった。

高校野球では尾崎のライブの4日前、8月21日に大阪代表・PL学園が甲子園を制覇する。1年生の時からエースと四番打者だった桑田真澄と清原和博の「KKコンビ」は、その後のドラフト会議の明暗も含め、野球ファンならずとも関心の高さを誇った。

事件としては、1984年から断続的に発生した「グリコ・森永事件」が大阪を舞台に、世の中をパニックに陥れた。江崎グリコの社長が誘拐されたことを皮切りに、森永製菓や不二家、ハウス食品などの食品メーカーが次々と狙い撃ちにされ、さらに「かい人21面相」と名乗る者から報道各社に「グリコの　せいひんに　せいさんソーダ　入れた」と挑戦状が届いたことにより、一般市民まで震え上がらせることになる。

その終息は、翌1985年の8月12日のことだった。8月7日に事件の捜査にあたった滋賀県警本部長が捜査の失態を苦に、あるいは責任を押しつけられたことへの抗議の意味も含め、本部長公舎の庭で焼身自殺する。

「くいもんの　会社　いびるの　もお　やめや」

かい人21面相は、殉職した本部長への「香典代わりや」として一方的に終息宣言を送りつけた。今なお重大な未解決事件として記録され、2020年には小栗旬と星野源の共演で映画化された「罪の声」（東宝）のモチーフになっている。

この事件による「衝撃の連鎖」は続く。被害にあった会社のひとつであるハウス食品・浦上郁夫社長は、そのことを先代社長である父の墓前に報告しようと、東京・羽田空港発～大阪・伊丹空港行きの「日航機123便」に乗り込んだ。犯人からのメッセージが届いたのと同じ8月12日のことである。ちなみに、同便には首位を走る阪神タイガースの中埜肇球団社長も同乗している。

そして18時56分30秒、群馬県高天原山の尾根、通称・御巣鷹の尾根で墜落。乗客・乗員合わせて520人が死亡する「世界最多の犠牲者数」となった。明石家さんまも同便に搭乗予定だったが、たまたま収録が早く終わり、1便早いものに乗り替えて奇跡的に難を逃れている。

1985年8月――大阪を拠点としたものだけでも、これだけの出来事が並んでいる。少し前の6月18日には、やはり大阪市で起きた「豊田商事会長刺殺事件」が、この年の大きなニュースとして取り上げられた。悪徳商法によって豊田商事・永野一男会長が逮捕される直前、自宅に乗り込んだ2人の男が部屋に侵入し、めった刺しにして殺害。この時、部屋の前にはNHKを含む多くのテレビカメラが集まり、誰も制止することなく、一部始終がニュース番組で流された。この年の9月22日にアメリカと「プラザ合意」が結ばれ、翌年以降の「バブル景気」の呼び水となるが、豊田商事事件は民衆の「カネへの執着」を端的に表した惨事とも呼べる。

文学の世界では村上龍が「テニスボーイの憂鬱」を、村上春樹が「世界の終りとハードボイルド・ワンダーランド」を発表したこの年、1年を通じては若者たちのいじめ問題が深刻化し「いじめ自殺元年」と呼ばれた。全国の悩める生徒たちにとって、尾崎豊の存在は「代弁者」としてさらにクローズアップされた。

1985年8月25日、のちに発売された大阪球場のライブアルバムには「彼が最も輝いた日」のキャッチコピーが躍る。ただし、残念なことに完全な形での映像記録はない。あの場に居合わせた者のみが誇れる〈真夏の記憶〉であったのだ──。

第一章

鳴動

尾崎がバックバンドに指名した

「甘いマスクでいつも何人の女をだましているかわかりゃしねえ。オンギター、江口正祥べイベー!」

紹介されたのは、端正なルックスと長身が目を引くリードギター・江口正祥だ。1985年8月25日、初めてのスタジアムコンサートである大阪球場のアンコールで、尾崎はメンバー紹介を重ね、そして叫ぶ。

「俺たち、ハート・オブ・クラクション!」

ここで重要なのは、バンドのメンバーを「俺たち!」と紹介していること。それほど尾崎にとって、かけがえのない音仲間であったことがわかる。

正式名称は「HeartOfKlaxion」である。もともと「APRIL BAND」の名でレコードデビューも飾っていたが、残念ながら売れなかった。

「それまで、杉山清貴&オメガトライブの前身だった『きゅうてぃぱんちょす』と一緒にやることも多かったですが、彼らは売れて、俺たちは半年でレコード会社に契約を解除されましたから」

その解散ライブに、バックバンドのメンバーを探していたマザーエンタープライズの福田信社長と、尾崎が観に来た。そして、思いもよらぬ展開になったと江口は言う。

「尾崎君が『このバンドとやりたい』と言ったそうです。１９８３年の大みそかのことでした。福田さんからの誘い文句は『ギャラは安いけど、飲んだり食ったりは好きなだけ持つから』でしたね」

明けて１９８４年、３月15日の新宿ルイードでのデビューライブに向け、リハーサルを重ねた。本来、尾崎はアコースティックな弾き語りスタイルでＣＢＳ・ソニーのオーディションに合格したが、そのままでは売れないという思いが自身にも、レコード会社や事務所にもあったようだ。

江口は尾崎の兄と同い年で、５つ違いになる。そのため「兄貴と呼んでいいですか」と甘えたように尾崎が言ってきたこともある。

スタジオに入ってしばらく経つうち、江口は尾崎のリクエストに驚かされる。

「江口さん、こう……何というか壁が壊れるようなギターを弾いてみてください」

思いがけないリクエストに江口は、ディストーションを効かせてみるなど、いくつかの弾き方を試す。すると、何番目かの音に尾崎の表情がほころんだ。

「江口さん！　それです、それです」

それは、ロックの世界では定番中の定番である「８ビート」の奏法だった。８分音符を基本として、２拍目と４拍目にアクセントをつける４拍子のリズムである。

江口は笑いをこらえながら言った。

「尾崎ね、これは『８ビート』って言うんだよ」

まだ音楽知識に乏しく、そもそも育ってきた音楽が違うのだなと思ったが、ただ、尾崎のセンスは並外れていると感じた。そしてバンドと尾崎は徐々にフォーメーションも固まり、デビューライブのリハーサル的な意味合いを兼ね、千葉のライブハウス「マザース」でアマチュアバンドに交じって６曲を披露する。

江口の中には、その日のパフォーマンスがどんなものであったか、ほとんど記憶がない。ただ、ステージに立ったメンバーと、客席にいたお客さんの数がほぼ同じだったことだけは奇妙に覚えていると懐かしむ。

ハイエースに乗って旅に出る

尾崎の記念すべきデビューライブは、１９８４年３月15日、新宿ルイードで開催される。尾崎が全身から放つ「凄まじいまでの緊迫感」は、江口にも痛いほど伝わってきた。これは「尾崎豊を演じている」という風に思えた。

そこからの尾崎自身の心境の変化は後述するが、デビューライブに続く全国のライブハウスツアーは、決して恵まれた条件ではなかったという。

「5月9日から2度目となる新宿ルイードが2日間あって、6月15日の札幌ペニーレインから6月28日の福岡ビブレホールまで、6大都市ツアーが始まりました。ここで用意されたのは、古いワゴン車のハイエースが2台で、ここにメンバーとスタッフが乗り込み、楽器も積んでの移動でしたね」

ただ、福田社長が「飲んだり食ったり」を約束したように、ライブ後の打ち上げは100%開かれた。それはマザーエンタープライズの名物でもあった。

ミュージシャンの誰もがそうであるように、打ち上げで語らい、本音をぶつけ合うことで絆が深まっていく。江口は、ここで尾崎の本音も聞いた。

「ある意味、彼が醸し出す緊迫感がファンの人に伝わりすぎて、一種の教祖様みたいに崇められるわけですよ。その状態を尾崎も『怖いよね』とは言っていた。では、どうしたらいいのか——尾崎はどうしたらいいのか悩んだ末に、お客さんの近くへ寄っていくという形を取ったんです」

そして尾崎がブレイクしてからは、ファンの期待をわかった上でのパフォーマンスに切り替えた。江口は、まだ十代なのに「演じ方」ができる尾崎を素直に称賛する。ただ、境界線ギリギリの表現力は、あの夏、予想外の形で決壊する。それは尾崎やバンドのメンバーだけでなく、日本の音楽史をも大きく回天させることとなる。

日比谷野音のクラッシュ

1984年8月4日、反核・脱原発イベントである「アトミックカフェ」に尾崎は出演する。約1カ月前には白井貴子の前座としてこのステージは踏んでいるが、尾崎にとっての憧れである浜田省吾と同じ場に立てたのは、感慨深いものがあったはずだ。

7組目に登場した尾崎は、不敵にタバコを吹かしながらピアノの前に座る。1曲目に披露したのは、のちに「核（CORE）」として4thアルバム「街路樹」に収録される「反核」であった。そして全4曲の予定の2曲目に「Scrambling Rock'n'Roll」を歌う。江口はそこに「ただならぬ気配」を感じた。

「すでにこの当時はホールでのコンサートもいくつかやっていて、照明のイントレに登るという演出はやっていたんですよ。僕のギターソロの部分で尾崎がよじ登ろうとする。少し登っては、落っこちそうなフリをする。僕がギターを弾きながら『そろそろ戻ろうか』

と目で合図をして、それで曲の歌い出しに間に合うように戻って来る。そんなフォーメーションだったんです」

ところが、この日に限っては違った。尾崎がいつものようにイントレに登っていく瞬間、ふと目が合うと、ニヤリと笑った。酒に酔っているような、ドラッグをキメているかのような、そんな「目の焦点」だったという。

〈ええっ、これは本当にやっちゃうんじゃないの?〉

江口はすでにそのことを理解した。そして尾崎は、高さ7メートルの照明用のイントレからジャンプする。その瞬間、不気味な音が響き、尾崎は苦悶の表情となった。

江口は、どう見ても自殺行為じゃないかと思った。

「普通のホールならそうでもないけど、日比谷野音は床がコンクリートなんですよ。あれだけの大ケガだけど、それでも、まだ不幸中の幸いです。頭から落ちていたら死んでいたと思います」

尾崎はすぐにスタッフに抱えられ、ステージ裏に引き上げる。さて、どうしたものかと江口は思いながら、コードひとつだけで延々とアドリブを弾き続ける。それは、30分にも感じられるほど長い長い時間だった。

「いや、この先どうすればいいんだ……」

その「ロスタイム」に、客席の空気はどうだったのだろうか。注目はされてはいたが、出演者の中ではまだ一介の新人にすぎない。日比谷野音を埋めた大半の客は、トリの浜田省吾を目当てに来ている。

江口は、その間の客席の反応がどうだったのか、ほとんど記憶にない。固唾を飲んで緊急事態を見守っていたのか、あるいはメインシンガーの登場を促していたのか……。それを1ミリたりとも考える余裕はなかった。

「尾崎が引っ込んで、しばらく経ってスタッフふたりに肩を借りて出てきたんですよ。最後はステージに這いつくばったまま『Ｓｃｒａｍｂｌｉｎｇ Ｒｏｃｋ'ｎ'Ｒｏｌｌ』を歌い終え、さらに予定されていた『十七歳の地図』と『愛の消えた街』もどうにか歌った」

尾崎は自身の希望で、生誕の場所である世田谷・自衛隊中央病院に搬送され「右蹠捻挫・左踵骨圧迫骨折で全治3カ月」と診断される。左踵の骨が一部陥没しており、整復手術のため2週間入院することになり、以降のスケジュールは全て白紙となった。

この翌日には吉川晃司、小山卓治とのジョイントが同じ日比谷野音で予定されていた。近年、小山卓治との仕事が多い江口は、今でも小山が「一緒にやりたかった」と口にするのを聞く。

この日、出演者のひとりだった加藤登紀子は、著書にこんな回想録を残している。

〈私は楽屋で尾崎の歌を聞いていた。照明のイントレから飛び降りて骨折しながら歌いつづけ、救急車で運ばれていった一部始終が今も聞こえる。軽くなきゃって感じの、あのころのサウンドの中で尾崎は、ちょっと昔を思い出させる「ロック」で、それが何だかうれしかった。

彼のファーストアルバム「十七歳の地図」に収められた十四曲。そこには登校拒否、高校中退、初めての恋、壁に頭をぶつけ、素手でガラスを割る孤独な少年の正確な告白がある。時には荒れ狂い、時には柔らかにふるえる思春期のすばらしい代表曲たちだ。

あえて極言すると、彼の歌はこの一枚で尽きていたかもしれない。

私は、「I LOVE YOU」を歌う彼の甘い声が好きだ。やわらかでやさしい歌が彼の本当の大きさだったと今も思っている〉

アルバムの収録曲数（実際は10曲）や、2ndアルバムに収められた「卒業」が混ざるなど記述に誤認はあるものの、シンガーソングライターの草分けのひとりとして、とてもたおやかな視線を尾崎に送っている。

移動が新幹線に格上げされた

ようやく尾崎のケガも回復し、延期になっていたホールツアーも再開されたのは、１９８４年12月３日の秋田市文化会館から。その名も「ＦＩＲＳＴ ＬＩＶＥ ＣＯＮＣＥＲＴ ＴＯＵＲ」と題され、全国21都市を回った。

「お前ら、新幹線に乗りたいか?」

福田社長の言葉に、江口は少しだけ「売れてきたな」と実感した。またステージがライブハウスに比べて広くなることで、いろいろな変化をさせる必要があった。

「とはいえ、まだ新曲がたくさんあるわけじゃないんですよ。リハーサルでは毎回ほぼ同じ曲ではあるけど、アレンジだったり曲のテイストだったりと、尾崎の意見を中心にしながら考えていきました」

知り合った時は「８ビート」も知らなかった尾崎が、貪欲に音楽を吸収していった。その変化の一端が「ピアノを弾く尾崎」である。今なおテレビ番組で映像が使用され、ものまねタレント・青木隆治がコンサートの一部分を完コピする「卒業」の弾き語りは、どう生まれたのか。

「それまで尾崎はギターだけでしたが、西本明さんによる『卒業』のアレンジは、さほど難易度が高くないとわかって、自分でも弾けるように練習したんですよ。おそらく彼には、ステージで自分がピアノを弾いている〈絵柄〉が見えていたんじゃないかな。この姿があったほうが絶対いいって」

その「卒業」を含む２ｎｄアルバム「回帰線」がオリコン初登場1位になったことで、尾崎のライブの規模は飛躍的に巨大になっていった。すでに書いた１９８５年８月25日の「大阪球場」に続き、同じ年の11月14日と15日には「代々木オリンピックプール」で十代の集大成として計３万人を動員した。

単独ではないが、１９８７年８月22日に開催された熊本の野外劇場・アスペクタにおける「ビートチャイルド」は７万２０００人もの観客が高原に詰めかける。凄まじい豪雨に打たれての歴史的なイベントは、このあとも何度か詳述するが、ギターの江口もまた被害者のひとりであった。

「ステージ上に置いたエフェクターなどまったく使い物になりません。そのため、まるでひずみのない音になってしまったんです。それは仕方のないことですが、翌日に尾崎が『昨日のあの音もシブくていいっすね』って言ったんですよ」

尾崎が登場した深夜2時は、雨が最も激しく降っていた時間帯であった。そのため、尾崎は出番直前にセットリストを大幅に変えるなど対策を取った。

「あの状態の中で、ちゃんと僕のギターの音の変化に気づき、しかも、そのハプニングを音の種類としてインプットしているんですよ。何言ってるんだよとからかいつつも、ちゃんと聴いていているんだなあと感心しました」

この「良くも悪くも伝説のイベント」は、2013年に奇跡的に劇場公開が実現した。映像や音声にも最新の技術でリマスタリングは施されているが、それでも江口は、あの悲惨な状況での映像を観たいとは思わない。それは今も、田原俊彦のライブでギターを担当するなど、一流のミュージシャンであることのプライドである。

話は前後するが、1985年2月7日の札幌市教育文化会館で初めてのホールツアーが終わった直後、尾崎は「サクソフォンが欲しい」と言い出した。バンドのメンバーにとっても、それは同じ思いだった。デビューシングルの「15の夜」にしても、最後のフレーズに行く前のサックスの響きは、重要な効果をもたらしていたからだ。

「尾崎は浜省さんやスプリングスティーンを聴いて育ってきたし、佐野元春さんにしてもそう。レコードだけでなく、ライブでもサックスの音を欲しがったのは当然の欲求だと思います」

そして次のツアーとの合間にオーディションが行なわれたが、全員が納得するような奏者は現れない。その結果、江口らがアマチュアバンドの頃から面識があった阿部剛が加入することになった。

音の厚みは増したものの、それから間もなくして、尾崎が「兄貴」と呼んだ江口が脱退を表明することとなった。

消えてしまった新潟の夜

江口のもとへ思いがけない誘いが来た。人気バンド「ＳＨＯＧＵＮ」でギターとボーカル、さらには作詞作曲を手掛けるケーシー・ランキンから、新たなメンバーになってくれないかと言うのだ。江口は、その誘いを熟考した上で、ひとつの転機と考えた。

「中心メンバーだった芳野藤丸さんが別のバンドの『ＡＢ'ｓ』に専念しそうだというので、代わりに入ってくれないかと言われました」

誘われた「ＳＨＯＧＵＮ」とは、もともと腕利きのスタジオミュージシャンの集合体であり、日本テレビで松田優作の代表作「探偵物語」（１９７９年）の主題歌である「バッド・シティ／ロンリーマン」や、沖雅也主演、柴田恭兵がブレイクした「俺たちは天使だ！」（１９７９年）の主題歌「男達のメロディー」などヒットを飛ばした。余談だが尾崎のデビュー当時、柴田恭兵とのルックスの相似はあちこちで話題になった。中学生だった尾崎が、柴田恭兵のスタイリッシュな姿に無意識のうちに憧れた可能性はあったかもしれない。

さて尾崎と比べるわけではないが、生粋のギタリストの江口にとって、世代的に「SHOGUN」は憧れのバンドであった。そこへケーシーは、ツアーを組むのでぜひ入ってほしいと懇願した。そして1985年9月、大阪球場を含む「TROPIC OF GRADUATION TOUR」が終了したタイミングで、江口は脱退を表明。そのままケーシーのもとへ報告に行くと、拍子抜けする事実が待っていた。

「実は思ったほどツアーが組めないんだ。だからこっちを優先しなくていいよ」

どうやら、ケーシーが勝手に別のメンバーを集めて結成しようとした「SHOGUN番外編」だったらしく、アルバムこそ発売したものの、現在も公式サイトには記載されず、なおかつ瞬時に解散してしまった。

江口は加入する前にバックバンドの辞退を申し入れていたが、とは言え、尾崎のもとへすごすごと帰っていいものかどうか……。江口は「後継ギタリストのオーディション」にも立ち会っていたが、20人ほどの候補者に、尾崎の胸倉を鷲摑みにするようなギタリストはいなかった。

あの日の尾崎に教えた8ビートをはじめとする「ロックのグループ感」に、誰もが欠けていたのだ。それは江口の目にもわかりやすかった。

そして江口は、照れくさそうに言った。

「実はケーシーさんから、来なくていいよって言われてさ」

その瞬間、尾崎は江口の肩をガッとつかみ、はじける笑顔で言った。

「もう、早く言ってよ！」

何のわだかまりもなく江口は「Ｈｅａｒｔ Ｏｆ Ｋｌａｘｏｎ」に戻った。ただ、少しずつ尾崎の異変は感じていた。急激にファンが増え、尾崎自身が巨大なビジネスとなってゆくことに、過剰なプレッシャーを感じているようだった。

「今までと変わらず、ライブが終われば一緒に飲みに行ってはいましたが、その席で『段々と年を取っていくことで、どうやって歌っていけばいいんだろう』というようなことは漏らしていた。僕らは、それに答えてあげる言葉もなかったけど」

そうした尾崎の苦悩が沸点に達したのは、１９８７年9月28日の新潟県民会館だ。7月1日から始まったツアーは、広島の平和コンサートや熊本のビートチャイルドなどをはさみ、ハードな日程を刻んでいた。新潟でのライブも、リハーサルまではいつも通りに進んでいた。

「リハーサルまで大丈夫だったのに、いったん部屋に戻ってから倒れたんですよ。もうお客さんも席に入っていましたから、本当に直前でしたね」

そして中止が決まり、尾崎は東京の病院に入院し、残りの日程もすべて未消化となってしまう。さらに同年の12月22日に尾崎が覚せい剤取締法違反で逮捕されたこともあり、江口ら「Ｈｅａｒｔ Ｏｆ Ｋｌａｘｏｎ」はここでお役御免となってしまった。

「新潟の中止の夜は、メンバーで飲みには行ったけど、語ることもほとんどなく、地味な感じでした。何とも煮え切らないままに終わったのだと痛感しましたね」

約１年後に尾崎の復活の舞台となる東京ドームの公演が行なわれたが、デビューライブから３年以上を支えたメンバーは、誰ひとり残ってはいなかった。

再集結と、突然の訃報と

１９９２年４月25日、江口ら「Ｈｅａｒｔ Ｏｆ Ｋｌａｘｏｎ」の、いや、もっとさかのぼって「ＡＰＲＩＬ ＢＡＮＤ」のメンバーは、山中湖のスタジオにレコーディングで集結する。尾崎のデビューからを支えた「ゆかりのメンバー」が久々に集まったその日に、偶然にも訃報が届くことになる。

「リズムを録って、僕のギターソロを録っている時にヘッドフォン越しに『尾崎が死んだって』とメンバーの声がしました。何というか……運命的なものを感じましたね」

約3年ぶりにバックのメンバーが集まったその日という偶然。さらに江口は、山中湖のスタジオで「もうひとつの偶然」におののいた。１９８１年のデビュー曲「ウェディング・ベル」が大ヒットした「シュガー」という女性３人組のモーリこと毛利公子と、同じスタジオで仲間たちのパーティーで顔を合わせたのは２年前の１９９０年のこと。

「間もなく出産ということだったので、最後は僕の車で自宅まで送っていったんですよ。それから何日か経って、モーリは出産。ところが、死産の末に母体にまで影響が出て、その日のうちに29歳の若さで亡くなりました」

何もオカルト的にスタジオの一致を言いたいのではない。ただ、江口にとって「若くして亡くなった仲間はこの２人だけ」という最期の別れに、同じ場所が関わったことには運命的なものを感じた。いわゆる「虫の知らせ」だろうかとも思った。

尾崎に対して、亡くなるまで悪い感情は一度も持ったことがない。そして浮かんでくるのは、あの日の日比谷野音を含めた「ライブ」の数々だ。

「１９８８年９月12日の東京ドームにも声はかけてもらったんですが、マザーエンタープライズに所属していた『ＬＯＯＫ』のサポートメンバーに入っていたので、残念ながらスケジュールが合わなかった。ドームなのに律儀に声をかけてくれたことが象徴するように、彼が天狗になった場面は見たことないですね」

デビュー間もない女性アイドルが、少し人気が出ただけで分不相応の態度を取り、あっという間に周囲と摩擦を起こし、そして下降線をたどる。そんなケースを江口はいくつも見てきた。それに比べれば尾崎は、ヤンチャながらも愛すべき「弟分」だった。

客席だけでなく、バンドのメンバーもハラハラさせることは多かった。イントレに登りたがることはもちろん、マイクスタンドを叩きつけてステージ上に穴が開いてしまったこともあった。メンバーにたびたびポカリスエットを頭から浴びせるため、ギターやピアノなどに支障が出た。

それでも、尾崎は常にライブの演出などをほとんど考え、何より楽曲に全霊を打ち込んでいた。その姿勢は素直に尊敬する。

「僕がギタリストとして今でも生きていられるのは、彼のバックバンドをやったおかげと感謝しています」

江口は、清冽な表情で結んだ。

業界全体で尾崎を盛り立てる

「こんなに楽しそうな尾崎って観たことがないな」

１９８８年9月12日、東京ドームに5万６０００人を集めた尾崎豊の公演を観た大越正実は、素直な感想を漏らした。

「ああ、尾崎豊の歌を初めていいと思ったよ」

辛口で知られる音楽ライターは、いつになく好意的な評価を下した。

その日のライブは、同年2月に東京拘置所から60日ぶりに釈放された尾崎の、いわば〝みそぎ〟の場であった。覚せい剤取締法違反という重大な罪ではあったが、尾崎はことさら神妙になることなく、これまでのライブよりも鮮明に「開放感」を打ち出した。

「何か不測の事態があった時だけじゃない。尾崎のライブは絶対に目の前で観ておかないと、いつ、何が起こるかわからない。それこそが尾崎という存在だったんですよ」

音楽誌「シンプジャーナル」（自由国民社）の編集長として、尾崎のデビュー直後から交流があった大越は、そう分析した。もともと「新譜ジャーナル」として60年代に創刊された同誌は、硬派なテイストを身上としていた。70年代のフォークブームやニューミュージックの台頭、そして80年代の邦楽ロックの隆盛まで、グラビアよりもロングインタビューなど活字の力を打ち出して支持を得ていた。

そんな大越にとって初めての「尾崎ライブ」は、1984年5月8日の新宿ルイードである。ライブハウスの名門として多くのアーティストが〝足がかり〟とする場で、尾崎は3月のデビューライブに続き、2日連続の公演を行なった。

ただし、あまりの観客数に音楽誌の編集長といえども中に入れず、階段に座って漏れてくる音を聴いていたという。筆者はこの日、チケットを手に入れて、中にいたのでインタビューをしながら申し訳なく思ったが、ただ、階段であっても「ただならぬ熱気」は大越に伝わってきた。尾崎からは目が離せない——大越は、そんな息吹を感じたひとりだ。

「まだバブルの前の音楽シーンは、僕ら雑誌やラジオの人間が一緒になって『絶対に売ってあげよう』と使命感を感じていました。のちの『タイアップさえあればCDが100万枚』という90年代のCDバブルの風潮になるまでは、明らかに僕らが流行をリードしていたと思います」

音楽誌では「尾崎を語りたい」と熱病のようにライター陣が競い合い、尾崎を表紙にした号は、過去最高の売り上げとなった。

「街ではワンレンやボディコンの女たちがあふれ、音楽シーンもポップな方向へ流れていった。そこに強烈な『NO！』を突きつけたのが尾崎。こんなザラついた歌を、まだ十代で歌うんだから震えましたね」

そして大越は、尾崎と同時期に世に出た大江千里、大沢誉志幸、小山卓治を総じて「O（オー）の時代」と称した。その中には同志という意味合いで、大越という自分自身の名前も「O（オー）」の一群に入っている。

好評だったモノクロの表紙

そう話す大越が、ようやく「外の階段」ではなく、ライブとして尾崎を見たのが1984年8月4日、日比谷野音で開催された「アトミックカフェ」というイベントである。尾崎の憧れだった浜田省吾をメインに、多くのアーティストが集まった。この場で尾崎は、7メートルもの高さの照明台から飛び降り、両足を骨折するという事態に見舞われている。

尾崎の神話――その第一歩だった。なぜ、尾崎は無謀な高さから飛び降りたのか？

これには、いろんな説がある。間奏で照明台に乗ったはいいが、歌の続きに間に合わないのでジャンプせざるを得なかった説。憧れの浜田省吾と同じ舞台で、異様にテンションが上がった説。

また初めての大観衆であり野外であることで、自分の名前を刻み込みたかったという説もあった。いずれも考えられるが、いずれも違ったかもしれない。その真相は永遠に闇の中だ。大越は取材者として、その日の楽屋の様子をはっきりと憶えている。

「飛び降りた瞬間に骨折してるだろうなって気配がただよった。他のミュージシャンが一様に『マイったなあ……』という表情だった。尾崎は左足を骨折したまま、とにかく寝っ転がっても必死の形相で最後まで歌い終えました」

その翌日にはライバルと目された吉川晃司や心酔していた小山卓治とのジョイントライブが、同じ場所で予定されていた。左足の複雑骨折で当然、尾崎はキャンセルとなり、吉川はステージ上で叫んでいる。

「アイツとやりたかったのに。尾崎のバカヤロー！」

年内のスケジュールはほとんどキャンセルとなり、9月に予定されていた初のホールコンサートである日本青年館も延期になった。売り出し中の新人にとって、このブランクは大きな損失であるはずだった。ところが、尾崎の場合は「不在」が存在を大きなものにするという逆転現象を生んだ。

「音楽マスコミを中心に、尾崎待望論が日に日に高まっていった。冗談交じりに『松葉杖をついてでも出てこいや』ってエールもあったくらい。同時に、飛び降り事件で注目されたことにより、一般ユーザーにも最初のアルバムの評価が高まっていった。今だって十代にとっては永遠のテキストと呼ばれる傑作だから、その現象は当然のことです」

大越が言うように、それは「発酵」の期間となり、翌１９８５年の噴火につながる。１月12日、延期からようやく開催された日本青年館のコンサートに筆者も足を運んだ。

そこで不思議な光景を見た。１階の客席の後方扉が、ずっと開いたままなのである。それは日本の音楽マスコミのほとんどが駆けつけたことにより、扉を閉めることができなかったという。この立ち見スペースで、新年の挨拶がすべてできたと書いた女流ライターもいた。さらに――、

「地方のコンサートプロモーターも大挙して詰めかけていましたよ。あの世界も早い者勝ちなところがあって、たとえば『九州はオレが獲る！』って意気込みの人もいましたね」

大越は、あれほどデビューが衝撃だったのは、尾崎とザ・ブルーハーツくらいだったと言う。このライブの直後、１月21日発売のシングル「卒業」は、初めてチャートの20位にランクインした。さらに３月21日発売のアルバム「回帰線」は、オリコン初登場１位の快挙を達成する。日本中に尾崎ブームが吹き荒れていた。

そして大越の「シンプジャーナル」では、すでに特集記事は何度もあったが、初めて表紙撮影を依頼することになる。当時、尾崎の写真はすべてモノクロで使用という不文律が

あったが、表紙においても同様なのか。

「マネージャーの佐藤庄平さんに『表紙でも？』って聞いたら、黙って頭を下げられたので、やっぱり同じなんだなって思いました。ただ、その仕上がりが抜群に良かった。以来、他のアーティストでも表紙はモノクロ写真にしようという流れにつながったんです」

大越は撮影の合間、尾崎と会話を交わす。今でも鮮明に憶えているのは「どこでライブをやりたい？」に対する尾崎の答えだ。

「スクランブル交差点のど真ん中で歌いたいですね」

それは、とても真剣な眼差しだった。２ｎｄアルバム「回帰線」の1曲目に置かれた「Ｓｃｒａｍｂｌｉｎｇ Ｒｏｃｋ'ｎ'Ｒｏｌｌ」ならば、尾崎の夢に沿っていただろう。交差点に置かれたガレージ車で叫ぶように歌い、そして1曲だけで姿を消す。だが、実現することはなかった。

尾崎の没後、１９９９年にここでゲリラライブをやったのは、郷ひろみであった。大ヒットしたカバー曲「ＧＯＬＤ ＦＩＮＧＥＲ'99」のプロモーションで1曲だけ歌ったのだが、交通量の多い公道であるゆえに、大問題に発展した。

もし尾崎の「スクランブル交差点ライブ」が実現していたならば、同じようにメディアに叩かれ、ニヤリとしながら頭を下げる尾崎の姿を見たかったというのもまた事実だ。

第二章

憧憬

甲斐よしひろに会いたかった

1974年11月にシングル「バス通り」でデビューし、日本のロック史に多大な功績を残したのが、福岡・博多出身の「甲斐バンド」だ。1975年のセカンドシングル「裏切りの街角」がベストテンに入るヒット曲となると、1978年に発売した「HERO／ヒーローになる時、それは今」は、翌1979年にチャート1位を記録。同年9月には日本のロックアーティストとして初めてNHKホールで公演を行い、今なおクリスマスのスタンダードソングとなっている「安奈」を、レコード発売前に披露している。

そんなバンドのフロントマンである甲斐よしひろは、NHK－FMで「サウンドストリート」という番組のパーソナリティを長らく務めた。第1期が1979年11月から1980年9月まで、第2期が1983年4月から1987年3月までである。月曜から金曜まで日替わりのパーソナリティがいたが、甲斐が担当した水曜日は、飛び抜けて高い聴取率を誇っていた。

筆者にとっても甲斐バンドは、あらゆる意味で〈衝動〉を揺さぶった。ミスターチルドレンの桜井和寿が「ロック・ミュージシャンとしての僕の肉体に処女膜なるものがあったとして、それを突き破ったのは甲斐バンドである」との名言を残したが、筆者のようにロック・ミュージシャンならずとも、言葉を紡ぐことの重要性を説かれた存在だった。

前置きが長くなったが、１９８６年頃の番組で、甲斐はこんなことを漏らした。

「こないだ西麻布で飲んでいたら尾崎豊と吉川晃司が入ってきて、一緒に飲んだよ」

多くは語らなかったものの、ラジオでたまたま耳にしたあの日の「邂逅」は、どんな展開だったのか――。長らく抱えてきた疑問を解いたのは、甲斐バンドがデビュー40周年を迎えた２０１４年のことである。その軌跡を描く「嵐の季節」（ぴあ刊）というノンフィクションを書くことになり、下北沢のバー「ＬＡＤＹＪＡＮＥ」で打ち合わせていた時のことだった。

「そういえば甲斐さん、ラジオで尾崎や吉川と飲んだっておっしゃってましたね」

その問いに甲斐は、白ワインを口に運びながら、まるで昨日のように語り出した。

「あの頃、毎晩のように西麻布の『レッドシューズ』って店で飲んでいて、そこに尾崎と吉川が連れ立ってきたんだよ」

実は尾崎を見たのはこれが初めてではないという。ひとりで訪れては、じっとこちらを見ている男がいるなという印象だった。やがて、離れた席で吉川が尾崎に対して「行けよ、ほら」と子供がじゃれるように促す。勇を鼓した尾崎は、甲斐と旧知の吉川に連れられて挨拶に出向く。

「実は尾崎が甲斐さんとしゃべりたいらしいんだけど、それが言えなくて」

その一言を残すと吉川は帰り、それに促されるように隣に座った尾崎が口を開いた。

「尾崎です。ずっと聴いていました」

それだけならば芸能界にありがちな社交辞令であるが、尾崎はもう一歩踏み込んだ質問を甲斐にぶつけた。

「あの『100万$ナイト』の詞は、どんな気持ちで書かれたんでしょうか」

甲斐は面食らった。もし、自分がミック・ジャガーに会ったとしても「あの詞はどう書いたんだい？」などというストレートな問いかけは絶対にしない。これはあまりにも陳腐な「初対面の聞き方」だと、笑うしかなかった。いや、そのストレートさは笑えないような気もした。

尾崎が「最高峰です」と本人を前に力説した「100万$ナイト」は、1979年に発表した重厚なバラードである。男と女の別れの情景を、真夜中の漆黒の闇に落とし込めたスケールの大きな楽曲であり、この年、初めて進出した日本武道館でもアンコールのラストを飾っている。日本一の照明マンである前島良彦が開発した「縦にも横にも回転するミラーボール」の光が、武道館や箱根・芦ノ湖畔や、都庁が建つ前の都有5号地で新宿高層ビル群を照らし、万感の締めくくりを客席に味わわせている。

甲斐は、尾崎にひとつだけアドバイスを送ったという。

「自分の身の回りから、はみ出すようなストーリーを描くべきだ」

それがフィクションでもノンフィクションでもかまわない。それらを超えたところで、今、自分たちが生きている世界観から、大きく枠の外に出たものを描くのだと。

尾崎が心酔した「100万$ナイト」も、フィクションかノンフィクションかわからないが「泣いている君のそばでワクワクしているオレ」というフレーズの〝はみ出し方〟は、筆者も18歳で初めて聴いた時に、心臓をえぐられるような緊迫感を覚えた。一流のソングライターが突きつける「覚悟と創造性」が、たった1行に凝縮されているのだと思った。

逝ってしまった尾崎豊のために

尾崎はライブの煽りMCで、陽気な表情で客席とのコール&レスポンスを楽しんでいた。

「俺は高校生の頃、ウォークマンで佐野元春や（ブレイク）浜田省吾や（ブレイク）ブルース・スプリングスティーンやジャクソン・ブラウンを聴いていたんだぜ」

そこでは名前は挙げなかったものの、特に詞の部分において大きな影響を甲斐から受けてきたことは明白である。いわゆる「文系ロック」の流れに、尾崎も間違いなく脈づいていたのではなかったか――。そう問うと甲斐は、長らく「サウンドストリート」のディレクターを務めた湊剛から、同様のことを言われたという。

「ちゃんと『純文学系シリーズ』が続いているよね」

ロックという音楽に、きちんと「言葉」という認識をしている者たちが、一本の線でつながっていく。そんな話になったのだという。

そして甲斐は、意外なことを口にした。尾崎が没してから5年後の1997年、6枚目のオリジナルソロアルバムに収録された「I（#2）」という楽曲に、尾崎のことをイメージして詞を書いたという。

「ある部分だけ、彼に触れているよ」

多くは語らなかったが、歌詞を読むと、どのフレーズも尾崎への「宛書」のように思える。理想と現実のギャップにジレンマを感じ、沈みかけた船からの行く先を必死にもがく者たちをテーマに据えている。

ロックシンガーと死という部分では、筆者が上京した年に、ようやく観ることのできた甲斐バンドの日本武道館の公演を思い出す。それは1980年12月9日のことだった。アンコールの前に楽屋に戻ってきた甲斐は、夕刊紙の「ジョン・レノン射殺される」という見出しに目を落とす。ビートルズのフリークであった甲斐にとって、その訃報は計り知れない衝撃だった。そして中継を担当したNHKの「ヤング・ミュージック・ショー」のカメラの前で、あらゆる思いを振り払うように夕刊紙を破り捨てる。

アンコールのステージに戻った甲斐は、最後の曲の前に言い放った。

「逝ってしまったジョン・レノンのために――」

客席がざわめいた。まだネットニュースなどない時代に、ここで初めて事実を知った観客がほとんどであり、筆者も同様である。そして歌い出したのは、尾崎がこよなく愛した「100万$ナイト」であった。ある意味、甲斐は約1万人の観客以上に、ジョン・レノンひとりのために捧げるような圧倒的なパフォーマンスを見せた。

そして打ち上げの後に、こうつぶやいた。

「時代が必要としなくなった者に、死ぬ運命が待っているのがロックの世界なんだ」

否定ではなく、時代の最先端を切り取っていくロックシンガーの使命を言い聞かせていたように思える。尾崎豊の死もまた、時代とのわずかなズレが生じたのだろうか――。

甲斐は2008年に発売したカバーアルバム「TEN STORIES2」で、尾崎の代表曲「I LOVE YOU」をカバーしている。原曲のイメージを覆すダンサブルで自由なアレンジは、あるいは、尾崎が耳にしたら最も喜んだのではないだろうか。

幻となった小山卓治とのジョイント

今も現役のシンガーソングライターとして活動する小山卓治は、尾崎より約8カ月早く、1983年3月21日にシングル「FILM GIRL」と、アルバム「NG!」でデビューする。そのシングル曲のキャッチコピーはこうであった。

〈イメージは少女A　あの娘のことさ〉

前年にヒットした中森明菜の「少女A」をあしらっているが、小山自身はこのコピーに関与していないばかりか、後々まで誤解され、不本意であったと笑う。逆に言えば、レコード会社や所属事務所の並々ならぬ期待を背負っていた証しでもあり、尾崎豊やミスターチルドレンの桜井和寿にも大きな影響を与えた「メッセージ性」や「文学性」を打ち出そうとした戦略の片鱗が見てとれる。

小山は1982年に熊本から上京し、プロのミュージシャンを目指して曲作りに励み、放送局やレコード会社などにデモテープを送り続けた。それから1カ月後、かなり早い段階で関係者の目にとまり、RCサクセションが在籍した「りぼん」に、レコード会社は尾崎と同じCBS・ソニーに決まる。

「東京に来たばっかりで驚くほど早く話が進みまして。デビュー前はＲＣのローディーをやったり、前座で歌わせてもらったりしましたね」

小山が３月、５月にはＥＰＩＣソニーから大江千里が、６月には同じくＥＰＩＣソニーから大沢誉志幸が、そして12月に尾崎がデビューする。全員が同じ頭文字であったため、音楽誌やラジオメディアなどで「Ｏ（オー）の時代」と括られることもあった。

「まったくの偶然ですけど、それにしては多かったですね」

少し遅れて86年には、尾崎の親友となる岡村靖幸もデビューする。

さて、小山らがデビューした１９８３年の夏、８月７日に新宿都有５号地（現在の東京都庁が建っている広大な空き地）で、甲斐バンドが約３万人を集めた「ＴＨＥ ＢＩＧ」が開催される。今後も２度と実現しないであろう〈高層ビル群に囲まれての都会のモニュメント〉であったが、このイベントの前座に、小山の事務所は強く売り込んだ。

「タダでもいいから出してほしい」

小山自身もそう思っていたが、出演したのは沖縄の米軍キャンプから連れてきたア・カペラグループだった。ギャラは安くても実は飛行機代が高くついたとのオチまでついた。この野外ライブには筆者も客席にいたが、小山の売り込みをラジオで聴き、多くの甲斐バンドファンは「小山のほうが観たかった」というのが正直な感想だ。それは、音楽性や選ぶ言葉の肌触りにどこか同じ匂いを感じたからだろう。

さて、小山はデビューから1年と5カ月、尾崎はデビューから9カ月にして、ついに両者に同じステージに立つ日が訪れる。正確には、吉川晃司を入れた3人が日比谷野音のステージ「JUST NOW TOKYO ROCK FEELING TIME」で並び立つはずだった。

1984年8月5日のことである。

「ところが、当日になったら尾崎が出られないということを聞きまして、とにかくびっくりしました。僕もすごく楽しみにしていただけに、これは残念でした。その理由を聞いて、なんてヤツなんだと」

小山が嘆いたその理由とは、前日に同じ日比谷野音で開催されたイベントで、尾崎が7メートルの照明台から飛び降り、骨折したことにほかならない。さらに小山は、もうひとつの現実にも直面したという。

「もともと尾崎と吉川君が仲のいいことから企画されたジョイントだったんですよ。ところが、その彼が抜けてしまったら、僕と吉川君だけが取り残され、どうしていいのかわからなくなりました」

若くアイドル性も高い吉川と尾崎、フォークロックの色合いを持つ小山と尾崎——いわば尾崎が「円の重なり」に位置していたが、それがいなくなったことでファン層も違う吉川と小山のジョイントは、微妙な空気になってしまったのかもしれない。

「彼の存在は僕にとってとても大きかったのでね。唯一の機会がなくなったことは、本当にもったいなかったですね」

失われた夏から、37年が経とうとしている。

ふらりと現れ、無言で去った

尾崎は小山の「追っかけ」でもあった。尾崎が初めて日本青年館でライブを行なった日から1年後、１９８６年1月11日に小山も日本青年館に進出する。すでにアルバム１位や大阪球場を成功させた身であった尾崎が、このライブにひとりの観客として訪れた。

「言ってくれればもちろん招待しますよ。ところが尾崎は自分でチケットを買い、楽屋に挨拶に来ることもなく、ほかのファンと同じように帰っていったんですよ」

それだけではない。2階席で小山のデビュー曲「ＦＩＬＭ ＧＩＲＬ」を口ずさみ、そして踊っていたそうだ。この日以前も尾崎はたびたび小山のライブを訪れ、そして広島でともに語らう時間を持った。

「広島のイベンターがいて、尾崎と僕のスタッフも交えて飲んだのかな。尾崎はシャイなところがある男だけど、詞について話したような記憶がありますね。お互い、ブルース・スプリングスティーンが好きであるとか、そんな話をしてたのかな」

小山と尾崎は8歳の差がある。それは見えてきた街の風景も、テレビで観ていたドラマも、流れてきたヒット曲もまったく違っていただろう。それでも小山は、尾崎に対してのリスペクトを持ち続けた。

「彼を年下だから甘く見るということはなかったですね。歌う姿にはいつも感心させられたし、僕も何度か彼のライブを観に行きましたよ」

1990年にはCBS・ソニーとの契約が凍結したが、翌年に尾崎を担当した須藤晃がプロデュースすることで小山はソニーに復帰した。再始動のアルバム「成長」（1991年）をレコーディングしている最中には、浜田省吾がスタジオに遊びに来た。

浜田は歌詞を手に取って、そこにある「welcome Back」と読み上げる。浜田のプロデュース歴もある須藤の発案で、そのまま浜田にコーラスに入ってもらうことになった。こうした偶発性は、表に出ていないものも含めれば、70年代や80年代のロックシーンには少なくなかったようだ。

そして小山が尾崎のライブを最後に観たのも、同1991年の代々木オリンピックプールである。

「この時でもやっぱり彼はイントレの高いところに登りたがっていたんですよ。スタッフが必死にベルトをつかんでいましたが、変わってないなあと思いましたね」

そのためにジョイントが消えたこともあったのに――そう懐かしむ小山であった。

献花ではなく献歌を

尾崎が古巣のCBS・ソニーを離れ、いや、離れたというよりも所属事務所が設立したレコード会社「MOTHER&CHILDREN」に移籍せざるを得なかったのは、1987年2月10日のことである。移籍に伴い、デビュー前から尾崎を育てた須藤晃プロデューサーら、主要スタッフも一新されることになる。

同じ年の11月21日に小山は、5枚目のオリジナルアルバム「VANISHING POINT」を発表する。小山はこれまでと同じく、CBS・ソニーからのリリースである。

このアルバムの7曲目に収録された「Motherless Child」は、いかにも小山らしいシニカルさにあふれている。尾崎の新レーベルを直訳すると「母と子供たち」であるが、それに対して「母を失った子供」と逆の目を張る。尾崎の盟友として、慕われた兄貴分として、決して本意ではなかったであろう新レーベルへの参加を、突き刺さるフレーズに乗せて歌い上げている。

「歌い出しから『うぬぼれた夜、うなだれた朝、安っぽい真実』なんです」

小山の意図するところは、全編にわたって強烈に展開する。巻き込まれた尾崎へのエールなのか、取り巻いた大人たちへの皮肉なのか――。そのすべてをここに書き記すことはできないが、ワードで挙げると「塗り替えられた地図」「使い古しの自由」「傷ついたヒーロー」など、尾崎の定番フレーズをベースとしていることがわかる。

「これは完全に当時の尾崎君に向けて作った歌ですね。それでいて、自分自身に当てはまる部分もあったと思います」

常に現状に満足せず、抗いながら歌を刻んでいくロッカーたちの連帯感であった。

そして1992年4月25日、尾崎の訃報を聞く。レコーディング中だった小山は、その場から動けなくなるほどのショックを受けた。いったんレコーディングは頓挫したが、再開し、この年の11月21日に9枚目のオリジナルアルバム「花を育てたことがあるかい」が発売される。

小山は自身のライナーノーツで、本作への取り組みを明かしている。

〈ストレートを投げたかった。

今まで心の片隅で強く思ってはいたものの、妙な照れくささや半端なプライドでもみ消してしまっていた気持ちを、まっすぐに歌いたかった。今まで1度も使ったことのない言葉やメロディラインをたくさん使った。

そうしてできたこのアルバムを、僕はとても気に入っている〉

本作の8曲目に置かれた「孤独のゲーム」は、尾崎への追悼として新たに書き下ろした曲である。お互いが好きだったスプリングスティーンをイメージしながら、それはまさしく「献歌」となった。

〈君は俺を卒業して

ついでに自分からも卒業するんだろう?〉

解釈は自由だ。そして小山は、このフレーズに思いを込めている。

〈いつでももう飛びだせるぜ

15の時から荷造りをしてる〉

尾崎自身が描くことのできなかった「15の夜」の〈行く先〉を、小山なりの強いメッセージを込めて着地させていた。

そして小山は尾崎豊と、尾崎が生きた時代を締めくくる。

「若者たちが世の中に対して反抗するのは、どんな時代にもあるんだと思います。それでも、尾崎が世に出た80年代は、特にその部分がクローズアップされた。それが彼への支持にもつながった」

尾崎が小山のステージを観に行ったこと。小山が尾崎のステージを観に行ったこと。そして実現しなかった1度きりのジョイントの機会――。

「やはり僕らはライブこそが自分の居場所なんですね。レコードやCDを『手紙』とするならば、ライブは『デート』という感覚。レコードだけでは伝えきれないものを、僕も彼もステージで伝えようとしていました」

だから小山卓治は今も「ライブ」にこだわってキャリアを重ねるのである。

第三章

直情

追っかけに交ざる奇妙な少年

尾崎がまだ中学生だった1979年3月21日、フォークシンガー・岸田智史（現・岸田敏志）が発表した「きみの朝」は、オリコンチャートの1位に輝き、60万枚を売り上げる大ヒットになった。吉田拓郎、井上陽水などを筆頭に、フォークシンガーがテレビに出ることが少なかった時代だが、岸田はその逆を行った。

TBSのドラマ「愛と喝采と」の主題歌になっただけでなく、実際に新人歌手役で準主役として出演。さらに、高視聴率だった同局夜9時の「ザ・ベストテン」で10位以下の注目曲を紹介する「今週のスポットライト」に出演し、同じ曜日の夜10時で続くドラマの中にその出演シーンが挿入されるというメディアミックス戦略が当たった。ドラマに描かれたように、「ザ・ベストテン」に取り上げられたことで全国のレコード店にバックオーダーが殺到したのである。

そんな「きみの朝」は、今でもYouTubeなどで、岸田の若い姿のまま観ることができる。そのため、当時を知らないユーザーには「この人、尾崎豊のリスペクト？　そういえば顔立ちもなんか似てる」と書かれてしまうこともある。

時系列を知っているユーザーには笑い話であるが、70年代さえも容易に触れることのできるネット文化ならではの逆転現象であろう。

２０２１年の春の日、ヒットした当時の情景を聞くインタビューの中で、ふと尾崎についても聞いてみたくなった。若き日のナイーブなビジュアルであるとか、繊細だが凛とした歌声とサビに向かっての高揚感であるとか、デビューで7年の違いはあるものの、共通項はいくつも感じる。

「いやいや、彼のほうが力強い発声ではあるでしょうけど」

そう謙遜しながら、意外な結びつきを口にする。

「彼はありがたいことに、僕のファンでいてくれたらしいんです」

学生時代の尾崎が、井上陽水やさだまさしなど「叙情派フォーク」を愛聴していたことは知られている。70年代の叙情派フォークデュオの最高峰であった「ふきのとう」の山木康世と尾崎の話をしていたら「僕らのファンクラブに入っていたみたい」と目を細めた。その流れの中に岸田もいて、声質が似ていたことも、文化祭などで岸田の曲を弾き語りを披露する機会が多かったことにつながる。

さらに尾崎は、岸田のもとを訪ねたこともあった。

「埼玉でのコンサートが終わり、出待ちの女性たちに交じって高校生の彼がポツンと立っていたんです。それは目立ちますよ、ああいう若い男の子の追っかけってほとんどいなかったから。そして彼は女性ファンたちをものともせず、つかつかと僕のもとへ近寄って聞いたんです」

尾崎は、はっきりと通る声で〈想い〉を告げた。

「あの『蒼い旅』はどういう気持ちで書かれて、どういう気持ちで歌われているんですか」

愚直なまでに熱かった。1976年11月21日に発売された「蒼い旅」は、記念すべき岸田のデビュー曲である。作詞こそ事務所の先輩である「アリス」の谷村新司だが、曲は岸田自身が手掛けた。デビューシングルとしては異質の「若者の自殺」をモチーフにした世界観であり、岸田の「木枯しの中を歩く」ような深々とした歌声が突き刺さる。

この歌の〈死生観〉に尾崎がいかに影響を受けたかは、俯瞰してみればわかる。尾崎自身がオーディションに臨んだ「ダンスホール」は、新宿ディスコ殺人事件で犠牲者にあった女子中学生がモチーフになっている。またマイナーコードから入ってサビに向けて朗々と歌い上げるメロディーラインも、お手本のようである。

岸田は、尾崎の「どういう気持ちで」の問いには、コンサートの出待ちの瞬間では容易に答えられなかった。ただ、尾崎がデビューした時に、岸田のスタッフからも「ずいぶんとイキのいい若いのが出てきたな」と話題になった。

「それが、あの時の高校生だったかとすぐにピンと来ました。彼は、ウチの系列事務所の後輩である佐野元春にも影響を受けて、僕らは叙情派フォークであるけれど、そこから踏み込んだフォークロックの色合いだったかな。あのやさしさのある歌声に、彼の人柄が見えてくるようでした」

岸田は「蒼い旅」でデビューした時も、大ヒットした「きみの朝」を発売した時もCBS・ソニーに在籍していた。尾崎も1983年12月1日にCBS・ソニーからデビューするが、皮肉にも同じタイミングで岸田はレコード会社を移籍する。あの日の「追っかけの少年」と、同じプロとして再会することはかなわなかった。

自分の思い通りになると思うなよ！

80年代はライブハウスの価値がさらに高まった時代である。ここで観客を熱狂させられる者は、アルバムやシングルチャートに明らかに結びついていった。

1980年の幕開けを飾った佐野元春もそうであったし、同じ年にデビューした山下久美子は「総立ちの女王」と呼ばれるようになった。1981年にデビューした白井貴子もまた「2代目総立ちの女王」や「学園祭クイーン」の冠詞がつくほど、ライブシーンでの人気が顕著になっていった。

白井がデビューのきっかけをつかんだのは、CBS・ソニー主催の「SD・ソニーオーディション」である。大江千里らとともにオーディションを勝ち抜き、女性アーティストとしてはデビューに至った第1号となった。尾崎は翌1982年の同オーディションの合格者であるため、白井は1期先輩にあたる。ステージではミニスカートを多用し、その華やかさも人気の要因となっていった。

人気に後押しされ、白井は1983年10月から「オールナイトニッポン」(ニッポン放送)の火曜2部(午前3時~5時)のパーソナリティとなる。同じ曜日の1部(午前1時~3時)は、同じ日から「サザンオールスターズ」の桑田佳祐に替わり、「とんねるず」の2人が担当していた。70年代の「あのねのね」や笑福亭鶴光に始まり、80年代もビートたけしやとんねるずなど、笑いをふんだんに取り入れた速射砲のようなしゃべりで熱狂的な信者を生んだ。

逆に白井は音楽にこだわり、同じフィールドのロックから歌謡曲、海外のポップスまで、どのパーソナリティよりも流す曲が多いと評判になった。

白井は放送作家をつけず、番組でオンエアする曲をスタッフ任せにせず、ほとんど自分で選曲した。そのため、番組が始まる前にニッポン放送の一室にこもり、一心不乱に十数枚のレコードを選ぶ。まぎれもなくそこは、白井にとって「聖域」であったのだ。

番組を担当してから間もなく、本番前に「聖域」にこもっていた白井のもとへ突然、その若者がやって来る。

「白井貴子に会いたいんだけど」

その瞬間、白井は我を忘れて逆上したと振り返る。

「何でも自分の思い通りになると思うなよ！」

間もなく同じＣＢＳ・ソニーからデビューする少年に声を荒げた。

「彼は私のラジオも熱心に聴いていてくれたみたいだし、のちに私の『遅すぎたとしてもＦｏｌｌｏｗ Ｙｏｕ』を大好きだって言ってくれたんですよ」

同曲はシングルではないが、この年の7月に発売された3ｒｄアルバム「Ｐａｓｃａｌ」に収録されたラブソングで、ファンの多い隠れた名曲であった。そのことには感謝しつつ、異様な訪問にはシャットアウトするしかなかった。

「今から思えば〈尾崎豊劇場〉がデビュー前から始まっていた形かな。そのくらい、尋常ではないテンションだった。シド・ビシャスあたりに通じるような自分なりの美学をストレートに出してきた感じですよ。彼が敬愛する佐野元春さんと私が同じ事務所というのもあって訪ねてきたんでしょうけど、私からしたら、失礼を通り越して『この少年誰？』『何言ってんだろこの人』と振り払うしかなかったの」

　尾崎はマザーエンタープライズのスタッフに連れられて来ていたが、ただならぬ様子にスタッフは「どうしたんですか、どうしたんですか」と白井に詫びるように詰め寄った。結局、尾崎はそれ以上一言も発せず、その場をあとにする。白井は気持ちを切り替え、いつものように生放送に臨む。

「自分でもあんな行動に出たことに驚いたけど、どうしても『冗談じゃない！』という気持ちで払いのけたんでしょうね。そして本番が終わって、ニッポン放送の入り口の前に、いつもファンの方が何人か見送ってくれるんです。ふと見たらそこに、尾崎君もポツンと立っていたんですよ。謝罪したかったのか、何か伝えたかったのか……結局、お互い会話はせずに終わりましたけど」

　この日から1年も経たない１９８４年7月1日、日比谷野音で行なわれた白井のコンサートで、尾崎が前座を務め、６曲を披露している。デビュー以降、尾崎が誰かの前座を務めたのは唯一だが、そこには、あの日の「贖罪」の意味があったのだろうか。

日本でも意義あるイベントを

白井は女性ロッカーの草分けのひとりであり、また人柄もあってか、多くのイベントに招かれていた。筆者も目にしたところでは、1986年12月20日・21日に東京・神宮球場で開催された「ジャパンエイド」がある。海外からピーター・ガブリエル、ジャクソン・ブラウン、ルー・リード、ハワード・ジョーンズらが来日し、日本からは甲斐よしひろ、レベッカ、サンディ&ザ・サンセッツ、そして白井らが出演したチャリティーイベントだった。

問題は野外の球場なのに12月下旬という点である。日本初の屋根付き球場となった「東京ドーム」のオープンまで1年以上あり、まるで冷蔵庫の状態で長丁場のイベントを見続けた。そのためか、おそらく尾崎も観たかったであろう内外の豪華な顔ぶれでありながら、真冬の球場は両日ともに3分の1ほどの動員に終わっている。

もうひとつ、筆者が観たのは1994年8月16日に日本武道館で開催された「日本をすくえ'94～奥尻島、島原・深江地区救済コンサート～」である。泉谷しげる、吉田拓郎、小田和正を軸に、伊勢正三、財津和夫、大友康平、坂崎幸之助、稲垣潤一、渡辺美里、山本潤子、そして白井らが参加している。バックミュージシャンを一切使わず、すべての楽器演奏をアーティストたちが分担し、日本の音楽史を振り返ってゆく。

拓郎の「落陽」で総立ちの幕開けとなり、泉谷の「春夏秋冬」で本編を締めくくった。財津が歌う「サボテンの花」や、泉谷と小田がデュエットする「ラブストーリーは突然に」など、誰もが楽しめる構成となっていた。

白井は、残念ながらオリジナルの披露はなかったものの、ユーミンの「ルージュの伝言」をソロで披露する。ほかのアーティストの楽曲も、山本潤子とともにコーラスでほとんどフルに参加した。

「アーティストたちの自主的な開催で、すごく意義があったと思います。そして、あれだけヒット曲が並んだのに、拓郎さんが『ファイト!』ですべて持って行っちゃった感じでしたね」

客席にいた筆者の感想も同じである。中島みゆきの代表曲「ファイト!」を拓郎はたったひとりで弾き語り、武道館の隅々まで届く圧倒的な歌声を聴かせた。音楽が持つ力を久しぶりに充満させた良質のイベントであった。すでに尾崎が亡くなってから2年あまりが過ぎていたが、存命であれば拓郎や小田が声をかけて応じてくれただろうか。そして泉谷とともに肩を組んで陽気に歌ってくれただろうか――。

絶対に中止にしないでくれ！

この日からちょうど7年ほどさかのぼる。すでに書いてきたが、尾崎も白井も出演した熊本の「ビートチャイルド」の話に戻ろう。ロック系の大手事務所の共同発案であり、主に「マザーエンタープライズ」から尾崎豊、ハウンド・ドッグ、ザ・ストリートスライダーズ、レッド・ウォーリアーズが、「ハートランド」から佐野元春、岡村靖幸、渡辺美里、白井貴子が、そして「ジャグラー」からザ・ブルーハーツが、さらに「ユイ音楽工房」からＢＯØＷＹらが集結した。

豪雨と泥濘が会場を襲ったのには、意外な事情がある。当初、予定していた5万人を超える7万2000人が集まったため、会場設営のために阿蘇の麓の森を数多く伐採し、そのために表土を削り取りながら濁流が瞬時に流出したというのだ。

その被害に真正面からぶつかったのが白井であった。7組目の出番で、これまでよりもはるかに甚大な雨が降った。

「出番直前のステージ袖で、ハートランドの社長に『貴子、絶対にやめるなよ』って念を押されたんですよ」

白井の社長だけではない。豪雨と雷、さらには急激な気温低下も伴い救急車で運ばれる観客がピストン輸送になっていたが、実は地元の警察からも「続行要請」が出ていた。今ならすぐに中止させられるところだが、このまま続けてほしいと言うのだ。

「なぜなら、今中止になれば、この町には7万人も収容できる場所がない。何とか朝まで予定通りに続行してほしいという要請だったんです」

ただ、雷鳴の中で草原のだだっ広い場所でステージに臨むのは、アーティスト自身の生命にもかかわる。大雨でセッティングが1時間以上も遅れたが、直前までおびえきっていた白井は覚悟を決め、バケツにたまった水を自身で浴びてステージに向かった。その姿は、あとに続く男性ミュージシャンたちの心に火をつけた。

ただ白井は、気がつくとステージにバンドのメンバーが誰もいない瞬間を見た。あまりの雨にギタリストたちがテントに避難し、雨に流されて前にあったモニターもなくなっていたのだという。

「ベイビー、大丈夫かっ」

白井が客席に向かって投げた言葉は、この公演のフィルムが奇跡的に見つかり、2013年に「DVD化なし、放送化なし」の条件で劇場限定公開された時のタイトルに使用される。この言葉に続けて白井は「私にはそれしか言えない……」と漏らす。

白井によれば、本来は尾崎のために撮られたフィルムであった。ところが、監督の佐藤輝が全体のリハーサルからエンディングまですべて撮影していたため、アーティストたちの了解を得て、イベントそのものを映画化できたのだという。

日本人による日本人のための「ウッドストック」（１９６９年に行なわれた40万人を集めたフリーコンサート）を目指したロックフェスは、最後の佐野元春の出番で奇跡的に晴れ上がったこともあり、また、報道陣も少ない熊本での開催であったため、批判にさらされることもなかった。救護される客こそ多かったが、幸いにして死者は出なかった。

「あれで死人が出ていたら、私だけじゃなく、参加したアーティストたちの運命も変わっていたと思います。尾崎君も、ステージ環境は悪かったけど、やりきったという思いではないでしょうか」

幸いにして「オルタモントの悲劇」にならずにすんだ。オルタモントとは、１９６９年12月６日にローリング・ストーンズが主催したカリフォルニア州でのロックフェスのこと。警備に当たったバイク集団が客のひとりを刺殺したことを含め、４人の死者が出たことで「ロックンロールにとって最悪の日」と報道された。

まだ野外フェスの環境が整っていない時代の「ビートチャイルド」は、気候条件こそ史上最悪だったかもしれないが、それでも、観客とアーティストには奇妙な連帯感が生まれた。白井は30年以上が経った今も、あの場に参加した者に会うと、両手で握手を交わすのだという。

ヤンチャな後輩との惜別

尾崎の訃報を聞いた時、白井は言葉を失った。

「ニッポン放送での出会いは、思いきり失礼なヤツではありました。でもそこから彼は文化的な香りも漂わせて、音楽界に一石を投じたことは間違いなかった。まだ若いし、お子さんも生まれて、これからもっともっとたくさんの幸せにもたどり着けただろうと思うと、やるせなかったですね」

白井はディレクターに手配してもらい、護国寺で行なわれた追悼式にも足を運んだ。

「いい意味で、尾崎豊を演じきって生涯を全うしたんだと思います。それでも、たび重なる大地震とか、現在のコロナ禍とか、彼が生きていたらどんなメッセージを込めて歌うのだろうかと思う時がありますね」

同じオーディションを通過し、同じレコード会社に所属し、同じステージを何度も踏んだ。尾崎を育てた須藤晃が、のちに白井のプロデューサーを務めた。破天荒だが愛すべき後輩への、今も変わらぬ惜別の思いである。

中村あゆみが示した拒絶

「孤高」――それが尾崎豊に課せられた役割である。あまりにも尖鋭的な曲のイメージだけでなく、歌番組に出演したことも一度しかない。

しかし、そんな尾崎が心を許せる希少な「同士」がいた。そこでは尾崎豊という「鎧」を脱ぎ捨て、少年のような素顔を見せていた。

〈お前らのその笑い声とか、お前らのその視線が俺を孤独にするんだ……〉

１９８５年１月12日、尾崎豊は東京で初のホールコンサートとなる日本青年館のステージに立っていた。

デビューから約１年、前年８月４日の日比谷野音で照明台から飛び降りた骨折による休止をはさみ、存在感は急激に高まった。この日も、すべての音楽マスコミが集結したと言われるほど高い注目度だったが、冒頭に記したような過剰なＭＣに、会場の空気が異質なものになっていく。

筆者もこの日、同じ会場にいたが、まさかと思うようなヤジが耳に入ってきた。

「バ〜カ！」

明らかに尾崎が空回りをしていたと思えた瞬間だった。もし、その後の大規模の会場だったら、おそらくヤジの主はファンによって袋叩きの状態だったかもしれない。日本青年館の1000人強の客は、それぞれがおそるおそるという印象もあった。

筆者は熊本の小学校からの同級生である金子という男を連れて行った。金子は井上陽水で音楽に目覚め、自身でもギターを弾き、歌を作り、上京したあとに渋谷や吉祥寺のライブハウスなどで歌っていた。

ライブ終了後に居酒屋で感想を聞くと、尾崎の青さと、どこか客席とかみ合わないステージングに複雑な表情だった。

「歌はいいと思うんだけど……」

そんな微妙な本音である。その前年8月、日比谷野音で照明台から飛び降りて骨折したのも、メインの浜田省吾らに比べれば注目度が低く。自身に対する客席との温度差に苛立ってのこととも言われている。

そして客席にもうひとり、拒否反応を示した女がいる。のちに「女・尾崎豊」と呼ばれた中村あゆみである。

中村は、客席にいた理由から語り始めた。

「尾崎のステージを絶対に観ておいたほうがいいよって事務所に言われたんだけど、あのMCを聞いた瞬間に『うわ〜っ！』って思ったの。私には言っている意味が理解できず、そこで席を立っちゃった。以来、1度も彼のライブを観ることはなかったよ」

中村はこの日から3カ月後に出したシングル「翼の折れたエンジェル」が大ヒットし、尾崎に続いてティーンエイジャーの支持を集め、ブレイクを果たす。学年は中村のほうがひとつ下で、尾崎が描く世界観に年齢的な乖離はないが、それでも、肌に合わないと感じたのだ。

この年、1985年は、ソロもバンドも含めて、日本における「女流ロッカー」のジャンルに大きな地殻変動があった。中村の「翼の折れたエンジェル」に続き、NOKKOをメインボーカルに置いたレベッカが「フレンズ」でベストテン入り。さらに渡辺美里も「GROWIN'UP」で注目され、翌1986年には「My Revolution」がチャート1位に輝き、8月には西武球場の単独コンサートを成功させる。

中村あゆみ、NOKKO、渡辺美里を「ロック三人娘」と総称するメディアも少なくなかった。いずれも、ティーンエイジャーの少女心理を端的に表現し、それぞれ立て続けにヒット曲を放つことで、これまでの音楽シーンと違う動きを加速させる。さらに同年、抜群の歌唱力を誇った小比類巻かほるもデビューし、戦国時代に突入する。

ソロだけではなくガールズバンドも盛り上がりを見せた。寺田恵子を中心に、ハードな音を追求した「SHOW‐YA」がこの年にデビュー。今なお断続的に継続されている「NAONのYAON」という女性アーティストのみ参加できる日比谷野音のイベントを、1987年から開催している。

奥居香をリードボーカルとして集合した5人の女性は「赤坂小町」として1983年にデビューしていたが、1986年に「プリンセスプリンセス」に改名して、ミリオンセラーを連発するようになった。

それぞれがレコード・CDのセールスを競い、また大きな会場での動員も競った。中村は1985年8月31日に日比谷野音でレベッカとのジョイントライブを成功させたことを機に、毎年8月31日を「AYUMI DAY」と名づけた。コンセプトを「宿題なんか忘れちゃえ!」に定め、ティーンエイジャーの圧倒的な共感を得る。

1986年には神宮球場、1987年にはオープンシアターEAST、1988年と1989年は野外ではなかったが日本武道館で開催し、1994年の渋谷公会堂まで10年連続の「AYUMI DAY」を続け、そして10年という区切りでいったん封印する。

オンナたちがうごめいた1985年、尾崎と中村は日本青年館で「すれ違い」のまま、まだ接点を持つことはなかった。

ニューヨークで訪れた邂逅

中村と尾崎がようやく知り合うのは、１９８６年だった。

尾崎はその年、１月１日の福岡国際センターでのライブ中に「無期限活動休止」を宣言し、その後、単身でニューヨークに渡った。中村は１９８６年発売の１ｓｔ写真集の撮影で同地を訪れており、知人の仲介で尾崎と初めて会った。

年はひとつだけ尾崎が上で、あっという間に意気投合した２人は、すぐに夜の街を遊び歩く仲間になった。

「２人とも売れていたから、何となくまわりと距離感ができてくるの。だから人気はあるけど、意外に友達がいないって状態。特に尾崎は自己追求型だったし、いろいろと背負うものがあったから孤立していたと思う」

中村は一滴も飲めない体質だが、１ｓｔアルバムのタイトルと同じく「Ｍｉｄｎｉｇｈｔ Ｋｉｄｓ」を名乗るように、顔を合わせれば朝までとことんつき合った。２人ともそれなりに金は持っていたはずなのに、ハシゴが過ぎて、朝になったら２人合わせて３００円しか残らなかったこともあったと笑う。

中村の記憶には、緊張感ただようステージと違い、いつも陽気にはしゃぐ尾崎の姿があった。時には両手いっぱいの花束を抱えて、寂しさから何度も中村の部屋のドアをノックして「遊びに行こうぜ」と子供のように甘えてみせた。

ある日、尾崎のおんぼろのシビックに乗って、横浜に行ったことがあった。まだ明るい時間帯だったが、尾崎は上機嫌で言った。

「なあ、あゆみ、俺の腰に手を回せよ」

「ええっ？　だって、いっぱい人が歩いているよ」

「だからだよ。どれだけ人が見るか試そうぜ」

あっという間に黒山の人だかりとなった。２人は狭い路地裏を走り抜け、ゴミ箱に足を取られたりしながら、大笑いでその場をあとにした。お互い、恋人はいたが、まさに「魂の友人」と呼べるつかの間の日々だった。

尾崎から楽曲提供の申し出があった

「なあ、お前に曲を書いてあげようか」

ある日、尾崎はポツンと中村に告げた。今もなお「I LOVE YOU」などが多くのアーティストにカバーされ、アジア全土まで歌声が広がる尾崎だが、他者への提供は1曲もない。

その唯一の機会になりえたかもしれない瞬間だったが、ただし、中村あゆみもまたロッカーである。

「いいよ！　友達だからって、お前の力を借りてなんて思わないよ」

そう言って断ったのだが、別の形で中村に変化が訪れた。これまで高橋研という音楽パートナーがいて、ほとんどの作詞・作曲、プロデュースまでを委ねていた。大ヒットした「翼の折れたエンジェル」（1985年）も「ちょっとやそっとじゃCAN'T GET LOVE」（1986年）も高橋作品である。

高橋研に対して感謝はあるが、自分の言葉で伝えたくなった。

「比べてみれば、尾崎が『ロック』なら、私は『ロックっぽい』って形かな。商業ベースには乗ったけど、尾崎とつき合ううち、高橋研の書いてくる詞に対して『こういうきれいごとじゃないよ！』って思うようになってきたの」

そして、久々のヒットシングルとなった「ともだち」（1989年）など、中村は自分自身の作詞・作曲で納得のいく形とした。

さらに、よりハードな咆哮を見せて新たな代表曲になった「BROTHER」（199

0年）などは、明らかに尾崎の影響を受けて書いた詞だと中村は言う。ロッカーとしての〝共鳴〟が、新たな一歩を踏み出させてくれたと中村は思う。

6年にわたったつき合いでは、1987年12月の覚せい剤取締法違反など、尾崎の負の面も見てきたことになる。なぜ、あれだけのファンを前にしながら、クスリに溺れたのかを思うと悔しさが募る。

「アーティストは不安定だからって言うけど、それだけじゃない。私たちの歌で人生の局面が変わるような、そんな門出に接することも多い。スタッフさえしっかりしていたら、クスリに頼らなくてもいい仕事ができるよ」

そんな尾崎の変化を知ったのは、5枚目のアルバム「誕生」（1990年）を聴いた時だった。尾崎は前年に長男が生まれ、タイトルが示すように、すべてを子供に捧げたアルバムだと思った。それでいて、どこか自分自身が大人になりきれない「あがき」のようなものも感じた。

中村と尾崎の交流は、死の半年前まで続いた。突然の訃報からしばらくは、どこか実感のないままに過ごした。

盟友として尾崎の歌を歌う

それから十数年が経ち、立て続けに尾崎がらみの仕事が増えた。２００８年には初めてのカバーアルバム「ＶＯＩＣＥ」で、尾崎の「シェリー」を歌った。

翌２００９年には第２弾となる「ＶＯＩＣＥⅡ」で「Ｆｏｒｇｅｔ‐ｍｅ‐ｎｏｔ」と「僕が僕であるために」を加えた。そこからＣＭソングとして「僕が僕であるために」が起用され、より広く茶の間に流れることとなる。

さらに同年、尾崎の楽曲をテーマにした青春群像劇ミュージカル「ＭＩＳＳＩＮＧ ＢＯＹｓ～僕が僕であるために～」に出演し、全23公演の間、連日、7～8曲の尾崎ナンバーを歌った。キーはほとんど原曲のままで通したが、尾崎の歌とは、これほどまでにエネルギーを吸い上げられるのかと改めて思った。それは、ステージに立つ者として心地の良い瞬間となった。

まさしく尾崎の「叫び」がそこにあった。さらに中村は「オカルトじゃなくて」と前置きし、こんな体験を口にする。

「カバーアルバムに先がけて札幌であいつの歌を歌ったら、初めて、包み込んでくれるようなあいつの気配を感じたよ。あっ、会場の上のほうに間違いなく尾崎がいるんだって伝わってきた」

そこには、中村なりの確信があった。

「私は当時、幼い子を抱えたシングルマザーでガムシャラにやってきて、そんな私をあいつは、死んだあとでも守ってくれてるんだなって思ったよ」

あの日のように、空の上から「腰に手を回して」くれたのだろうか――。中村が尊敬する忌野清志郎、そして尾崎が今も生きていたら、東日本大震災や原発被害をどう歌っただろうか。さらに、このコロナ禍においてはどう行動し、どんなメッセージを伝えてくれただろうか……。

それとも尾崎豊とは、年老いることなく死んでいく運命だったのだろうかとも中村は思った。

第四章

衝動

深夜のラジオから流れてきた

筆者にとって尾崎豊との〈THE FIRST CONTACT〉は、1983年11月下旬の深夜のことだった。ここから、やや長めの私的な記録となるが、少しの間おつき合いいただければ幸甚である。

初めて耳にしたのは文化放送の深夜番組「ミスDJリクエストパレード」だった。同番組は1981年10月に始まり、DJに女子大生を起用することと、2時間半の番組で30～40曲をオンエアするという試みが当たり、老舗の「オールナイトニッポン」（ニッポン放送）や「パックインミュージック」（TBS）を脅かす番組となっていった。

この日のDJが誰であったのか——「やるっきゃない」が流行語になった千倉真理か、魔性の女優と呼ばれるようになる斉藤慶子か、プロレスラー・髙田延彦の夫人となる向井亜紀だったのかは覚えていない。ただ、間もなくデビューする期待の新人ということで、尾崎の「15の夜」がオンエアされた。

リリカルなイントロに乗り、明瞭でありながら寂寞たる声の音色が聴こえてきた。そして、ほんの数秒でラジオに真剣に向き合う形になった。

冒頭の「１００円玉で買える～」の表現こそ若干の気恥ずかしさは覚えたが、突然に語りの形になる斬新な展開も鮮やかで、５分30秒が一篇の青春ドラマのようにも感じた。まだ18歳なのに、なんという完成度であろうかと思った。

日本語のフォークロックの流れとして、重要な要素である〈真夜中〉と〈路地裏〉を交差させた名曲は多い。浜田省吾の「路地裏の少年」も甲斐バンドの「ＨＥＲＯ」も、そして佐野元春の「アンジェリーナ」も「ＳＯＭＥＤＡＹ」も同じ色合いではあるが、ここに十代特有のみずみずしさが加味されている。やがて、サビのリフレインでとめどもなく涙があふれた。当時22歳の筆者が初めて年下の、しかも18歳のアーティストに「してやられた」と思った瞬間だった。

それは、ひとえに自身の15歳を「追懐」させる詞とメロディーの効果にほかならない。九州・熊本のはずれにある小島に生まれた筆者は、高校進学を前に、幼い人生で初めて決意をした。家庭内に何の不満もないけれど、ただ、この小さな島にこのままいたら、どうにも変われないのではないか。

ここではない、どこかへ――。

そして、家を離れて下宿に入らざるを得ない高校を選んだ。受験にも受かり、明日にはいよいよ下宿に向かうという前の晩、今さらながら恐怖に震えた。今まで洗濯ひとつ、卵焼きひとつ作れない少年がどうやって過ごせばいいのか。三食のまかないこそ保証されていても、そこは「他人の家」である。学校から帰って喉の渇きを潤す「自由になる冷蔵庫」はない。

そんな環境にとまどいながらも、男子ばかりのクラスに新しい仲間も少しずつ増え、何より住んでいた島よりも少しだけにぎやかな街は、15歳には刺激的だった。

あの日の一歩が、他人から見ればどうということのない一歩が、人生そのものを大きく左右する。やがて18歳で高校を卒業すると、今度は東京へ行く形になるのだが、それよりも「15の夜」のほうが緊張感は強かった。その緊張感が自分自身の扉を開いた。

この曲を聴いた時に筆者はすでに十代ではなかったが、須藤晃プロデューサーがのちに解説した「誰も書いたことがないティーンエイジャーのための、ティーンエイジャーによる、ティーンエイジャーの詞」であることを、あの日の自分が受け止めた。

それは、映画「スタンド・バイ・ミー」（日本公開１９８７年）や「ニュー・シネマ・パラダイス」（日本公開１９８９年）を観た時にも感じた〈追懐〉そのものであった。いずれも少年期から青年期に差しかかる過程で「生涯忘れえぬ出来事」があり、やがて「スタンド・バイ・ミー」の主人公・ゴーディは作家になり、「ニュー・シネマ・パラダイス」の主人公・サルヴァトーレは映画監督になる。

単純なハッピーエンドではないものの、少年の思いは「かけがえのない亡き人」の助言を支えに成就する。

尾崎の「15の夜」のサビも、どこかへたどり着こうとする若者の自我の叫びが前向きな余韻を残す。尾崎の澄んだ声質と高揚感に満ちた歌唱スタイルが、真夜中のラジオから深く入り込んだ。

それから数日後、シングルと同日発売の1stアルバム「十七歳の地図」を、当時働いていた喫茶店と同じビルにあるレコード店で買った。12月1日の発売日を待たず、店に入荷する11月30日の夕方——今で言う「フライングゲット」の形であったと記憶する。初回プレスが少なかったのは知られているが、高田馬場駅前にあった「ムトウ楽器」は都内でも屈指の品揃えで知られ、すんなりと購入できたのだ。

アルバムは「街の風景」に始まり「I LOVE YOU」「15の夜」「十七歳の地図」「OH MY LITTLE GIRL」「僕が僕であるために」と、没後も長く愛される珠玉のラインナップであった。十代アーティストの1stアルバムとしては、約800万枚という不滅の記録を誇る宇多田ヒカルの「First Love」（1999年）と双璧の完成度であろう。

ルイードの緊迫した夜

新宿ルイードは、新宿駅東口から徒歩1分、カワノビル4階という立地の良さを誇った。その利便性もあって、70年代から80年代の音楽シーンにおいて「登竜門」の役割を担っていた。シャネルズ（のちにラッツ&スター）や佐野元春、山下久美子や白井貴子など、主にビートを前面に出したアーティストがここで満員の観客を総立ちにさせ、やがて、大ホールへと進出してゆく。

レコード会社、プロモーター、プロダクションにとって、ここでの成否がひとつの試金石となった。筆者もここで多数のアーティストを観た。一発で消えてしまった者もいれば、渡辺美里のように「これ以上は入れません」と言われ、あと数人のところで涙を飲んだこともあった。

強く印象に残っているのは、１９８５年10月4日、バブルガム・ブラザーズを観に行った時のこと。この日、ライブの最中に東京では56年ぶりとなる震度5の地震が発生した。ざわつく観客に対して、バブルガムの２人は少しもあわてず、そして平然とこんなやり取りをした。

「あれ？　今、地球が揺れた？」

「アースがグラインドしたね」

「ということは……アース・グラインド・アンド・ファイヤー！」

人気ファンクバンドの名前に強引に結びつけ、客席の恐怖心を取り除き、ライブを中断することなく最後まで続行した。ブラザー・コーンもブラザー・トムもお笑い芸人出身であったため、ステージ上のアクシデントなど軽く払いのけてみせるという自信に満ちていたのだ。もっとも、帰りの電車は2時間以上もストップするという現実が待ってはいたのだが。

さて、尾崎豊はこの場所で１９８４年３月15日にデビューライブを開催した。中退した青山学院高等部の卒業式がある日に、あえてライブをぶつけ、高熱を注射で下げて強行した。

この日、ルイードのキャパシティーを大幅に超える６００人が詰めかけたとの記録が残る。まだヒットチャートをにぎわす存在ではなかったが、何かの予感をキャッチした少年少女が数多く集まったようだ。

この「第一歩」にはチケットの女神が振り向いてくれなかったが、同じ新宿ルイードで早くも開催された１９８４年５月８日のライブは、約２００人の観客の一員となることができた。当時の恋人と、たまたま遊びに来ることになっていた神戸在住の妹と3人で観に行った。

この日、ステージに登場した尾崎は、過剰なまでに「殺気」を忍ばせているように見えた。いや、忍ばせると言うよりも、決して広くはないライブハウスの空間で、観客のひとりひとりに照射しているようでもあった。

実際、筆者の妹は小刻みにヒザが震えている気配があった。3曲目に歌った「BOW!」は特に「飢えた狼」や「豚」などの強いワードが並ぶ。尾崎自身の楽曲に不良性感度が高かったわけではなく、客席もそうした顔ぶれではない。それでも、緊迫感は前半が終わるくらいまで続いていた。

やがて、終盤になるとバラード曲も増え、尾崎本来の真摯で凛とした歌声も手伝い、場の空気は澄んだものになってゆく。筆者の妹もヒザの震えが消え、食い入るようにステージを見つめていた。

いわゆる「終わり心地のいい上質なライブ」だったが、筆者にとって印象的だったのは、デビューのきっかけとなった「ダンスホール」を歌う前に語った内容だ。

「僕が新宿にディスコに踊りに来ていて、あの頃、女子中学生の殺人があって……そんな頃に作った歌を歌います」

１９８２年６月６日に起きた「新宿歌舞伎町ディスコナンパ殺傷事件」のことである。２人の女子中学生が新宿のディスコで遊び、さらにゲームセンターで２人の男にナンパされ、車で連れ去られた千葉県内で１人が殺害された。

今なお未解決事件のままだが、ディスコの深夜営業が規制されるきっかけになったとして人々の記憶に残る。

尾崎は、自分なりの解釈で歌のヒロインとし、それを新宿のライブハウスで披露する。今、ここでしか聴けない「ライブ」の醍醐味があった。

そして筆者は、この日の観客としてだけでなく、もう一歩踏み込んだ形で尾崎豊を伝えたくなっていった——。

初のビデオコンサートをやりたい

「もしもし、あ、中西さん。行って来ましたよ、尾崎のルイード。素晴らしかったです」

電話をかけたのは、日本有数のコンサートプロモーターとして知られるディスクガレージの中西健夫チーフプロデューサーだった。甲斐バンドや浜田省吾などディスクガレージ主催のライブに行くことが多く、それならばとプロモーター自体の会員になったほうがチケットも取りやすくなるだろうと、1983年春に入会した。

毎月送られてくる会報には各アーティストの公演予定と優先受付の日時などが書いてあり、ある日、コラム欄にこんなことが記されていた。

〈全国の学校の放送室に、珍しい音楽ビデオを無償で貸し出します〉

すでに学生でもなく、高田馬場駅前にある「白ゆり」という喫茶店で支配人の立場であったが、夕方に音楽ビデオを流す時間帯をもうけていた。世の中に音楽ビデオの需要が高まり、少しでも集客につながるような映像を借りられないかと飛び込みで電話したのだ。

高校生からではない提案に中西は面食らいつつも、山手線内という立地や、店自体が200席もある大箱であることに興味を持ち、来店しての打ち合わせに応じてくれた。

中西は自身もアーティストデビューした経歴があるが、一切を封じ込んで裏方に徹した。やがて、ディスクガレージは巨大な会場のコンサートを次々と企画し、業界随一のプロモーターに急成長する。

そんな中興の祖である中西とどういうビデオをここで流すのがいいか調整を重ねるうちに、筆者に対して「誰がいちばん好きなの?」と聞かれ、即答で「もちろん、担当なさっている甲斐バンドです」と返した。

そこから話はとんとん拍子に進み、やはりオムニバスでやるよりも1組のアーティストにこだわってイベント的に3日間やろうという話に落ち着く。第1弾に甲斐バンドを選び、1983年11月に多くのファンを集めて開催した。世の中に家庭用ビデオデッキは普及していたものの、今のようにCSの専門チャンネルもなく、音楽モノの貴重な映像にファンが飢えている時代でもあったのだ。

そして翌1984年3月、おそらく尾崎のルイードに行った2日後にはディスクガレージに電話をかけている。

「で、相談なんですが、ビデオイベントの第2弾に尾崎のファーストライブの映像をやれないかと思うんですが」

「さすがに目が早い。わかりました、ウチとしても売り出し中だし、ぜひ、その方向でマザーと検討してみましょう」

当時の尾崎の首都圏のライブは、ディスクガレージだけでなくフリップサイドもホットスタッフも名乗りを挙げ、会場によって振り分けているような形だった。それほどライブ業界にとって、今後を担う逸材と見られていたのだ。

さて、ビデオの依頼とはいえ、今から考えれば、顔から火が出るような怖いもの知らずの行動である。なまじっか「業界の内側」にいなかったからこそ、思うがまま動けたような気もする。

もうひとつ補足すると、門外漢の自分があれこれ企画できるくらい、音楽産業が成熟していなかったという背景もある。フォーク、ロック、ニューミュージックと呼ばれた新しい音楽がやがて「J-POP」と呼ばれ、ライブ環境においても本当に大きなビジネスになるのは、その直後にブレイクしたBOØWY以降まで待たなければならない。

さて、尾崎豊にとっても初のビデオフェアは、1984年7月11日から3日間にわたり「STARTING OF 3DAYS」と名づけて開催した。料金は喫茶店のオーダー料金のみで、コーヒー1杯で鑑賞することができた。

結果的に、まだ知る人ぞ知る存在ゆえか、動員は3日間で約70名にとどまる。それでも、音楽ジャーナリズムには予想外の注目を集めた。当時、最も売れていた音楽誌「GB」(CBS・ソニー出版)に電話すると、たまたま電話口に出た著名な女性ライターが「尾崎であるならば小さなスペースですが掲載しましょう」となった。

さらに、定期刊行だった頃の「ぴあ」と、ディスクガレージの会報「MUSIC PARTY」にも告知を載せてもらえた。いずれのメディアも「注目の尾崎豊、初めてのビデオフェス」と書かれてある。

この日から10日ほど経って、CBS・ソニー主催で全国のレコード店を中心に同じビデオの上映会が始まるが、それよりいち早く開催できたことは、思いがけないニアミスを呼んだ。

天使は夏の朝、突然に

筆者の近所に住んでいた女子大生のケイコは、ハウンド・ドッグの熱烈な追っかけで、ファンクラブの手伝いのようなこともやっていた。そして、このビデオフェスの直前に、思いがけないことを聞いた。

「こないだマザーに会報の手伝いに行っていたら、たまたま尾崎が顔を出してたのよ。でね、そこで社長が『おい尾崎、今度、高田馬場の喫茶店でお前のビデオイベントやるぜ』って言ってたの」

ケイコはすでにその事実を知りながら、黙って聞き耳を立てていた。

「そしたら尾崎が『何、それ？　ホント？　高田馬場って高校の時に遊びに行ってたな。オレも見に行くよ、絶対』って言ってたわけ。そしたら社長が『ダメだ。お前、その日、地方のプロモーションだ』って」

今から思えば、最初で最後の遭遇のチャンスであったのだが、尾崎が関心を持ってくれたことは誇りであり続ける。

翌1985年は尾崎人気が爆発し、また日本の音楽シーンも一段とにぎやかになっていった。ある意味、働いていた喫茶店での集大成的な意味合いを込めて、8月に合計10日間のビデオフェスを開催した。尾崎豊の2DAYSに始まり、ハウンド・ドッグ、吉川晃司、大沢誉志幸、佐野元春、吉田拓郎、そして甲斐バンドの2DAYSで締めくくる。

幕開けの尾崎は、前年とは比べものにならない動員と熱気で、十代だけではない幅広い世代が映像を熱く見つめている。尾崎の歌声に、語る言葉に、マッチで火をつけたように衝動を燃え上がらせているのがわかる。

そんな観客のひとりに、当時高校2年生だったユウコという少女がいた。小柄で短髪の美少女だったが、なぜかサングラスでテーブルに座っている姿は異様と言うよりも、いわゆる「尾崎かぶれ」の気合いの入り方がほほえましくもあった。

やがて彼女は、筆者に何度か手紙を送るようになった。いかにも17歳特有の、また尾崎に触発されたがゆえの「学校や家庭への不満」をぶつけている。私立の進学校に通っているのに、何が不満と言うのだろうか。思春期特有の「大人はわかってくれない」にとらわれているだけではないのか——そして彼女は家出をほのめかす。

それから間もなくのある日、夜遅くまでの喫茶店の仕事を終え、さらに近所のカラオケスナックで飲み、マンションにたどり着いたのは夜明け近くだった。ドアの前に大きなバックを抱えて待っていた少女こそ、家出志望の17歳だった。

急なことに、ひとまず自分自身を落ち着かせ、そして大きな決意のわりには小刻みに震えている少女に部屋へ入るようにうながした。白いショートパンツの無防備な脚に、すっかり日が高くなって汗がにじんできている。

「家出してどうやって暮らせるっていうんだよ。歌舞伎町あたりで悪いところに売られるのがオチだぜ」

ビートたけしのような言い方で結論を告げた。尾崎のように中退したところで、尾崎のように何かをつかむ可能性は現時点では限りなく低い。

2時間ほど話して、ようやく納得した少女は、大きなバッグを抱えて駅に向かっていった。窓から見送るその背中は、ほんの少しだけ大きくなったように見えた。お土産にと持ってきてくれたスイカの切り身を、ひとかけらだけつまんでみた。

〈天使は夏の朝突然に、白いショートパンツでやって来た〉

その後も会うたびに、キャッチフレーズのように少女にかぶせた。女子大生、ＯＬと順調に成長するにつれ会う機会も減っていったが、尾崎の訃報を耳にした日、まず電話したのは彼女の家だった……。

過信と、挫折と、再起と

尾崎豊に触発されたのは少女だけではない。筆者は１９８５年12月、バイト時代から通算すると５年半勤めたその喫茶店を辞める決心をした。翌年には25歳になるという区切りもあり、今しかないと決心したのだった。

年が明けた１９８６年、ディスクガレージの中西プロデューサーと六本木のアマンド前で落ち合い、しゃれたバーに連れて行ってもらった。話題は自然と尾崎の代々木オリンピックプールの公演のことになった。

「アルバム３枚出して、集大成的なライブをやって、さて20代になった尾崎はどういう方向にいくんでしょうか」

「どういう形なんだろうね。甲斐さんみたいに、よりコアな、いい意味で黒いイメージに曲を書いていくのか、それとも……」

話は尽きなかったが、バーボンソーダを３杯ほど乾したところで勇を鼓して言った。

「実はあの喫茶店を暮れに辞めたんです。僕をディスクガレージで使ってください。コンサート制作で力を試してみたいんです」

おそらく、120%の勝算があったのだと記憶している。もっと言えば、勝手に「ドラフト1位確実」の気分だった。大きなハコ（店）があったとはいえ、素人がひとりであれだけの映像イベントをやった。これ以上、プロモーターにとって強力な新人もいないだろうと――。

だが、自信とも過信ともつかないその思いは、一瞬にして次の一言にかき消される。

「ああそう。悪い、今期のウチの新人募集は終わっているんだ」

甘かった。冷静に考えると、会社組織なのだからそんなことは常識だったのかもしれない。ただ、描いていたストーリーが足元から崩れ去っただけに、挫折感はこのうえなく大きかった。

「わかりました、何か機会がありましたらその時はよろしくお願いします」

精一杯の声でそう言うと、そろそろバブル期に突入したお祭り騒ぎの六本木に背を向けた。気にかけてくれた中西プロデューサーは、それからしばらく経って、さる著名な作曲家の事務所を紹介してくれた。

「ちなみに、運転免許は持っているよね？」

運転手兼というのが条件だったが、18歳で都心に上京したため、免許を取るタイミングも、また必要性もなかったため、持っていないということで見送りになった。

それから春と夏のふたつの季節を、具体的な目標もなく、生活の糧としてだけのバイト生活でしのいでいた。いつかきっと、いつか必ずと呪文のように唱えながら――。

奇跡が訪れたのは、1986年8月のことだった。喫茶店時代のイベント開催を通じて知り合った音楽事務所のマネージャーから、10月に新しい雑誌が創刊されるので若いスタッフを探していると電話が入った。

「あの喫茶店は辞めたんだよね。じゃあ、問題ないね。編集の人も、ああいうビデオフェスみたいな企画力を期待しているって言ってるし」

ここではない、どこかへ――。

上京したきっかけは、尊敬するノンフィクション作家・沢木耕太郎に憧れて、いつか物書きになりたいというものだった。

ずいぶんと時間はかかったが、決して回り道ではなく、夢中で尾崎らに関わったことが〈MY SONG〉として結びついたように思えた。以来、35年もノンフィクションの末席に身を置いていられるのは、僥倖と呼ぶしかない。

第五章

研鑽

歌詞が独りよがりだ

「このオフィスで僕が働いていたかもしれないんですよねえ」

用意されたテーブルに座り、図々しくそう言ったのは２０１１年4月某日、東日本大震災から間もないこと。訪ねたのは、東京・五反田にある「ディスクガレージ」の社長室だった。

部屋の主である中西健夫社長は、いろいろな思いを込めて言った。

「いや、今の物書きの世界で良かったんじゃない」

ちょうどその時期、コンサート制作が途方もない難局に立たされていたゆえの本音であり、一方では筆者が物書きを続けていることへのねぎらいでもあった。

きちんと会って話すのは25年ぶりのことである。筆者が長らく勤めた高田馬場の喫茶店を辞め、尾崎豊の映像イベントなどで知己を得た中西プロデューサー（当時）に、ディスクガレージへの入社を懇願して以来のことだった。

残念ながらコンサートプロモーターの一員になるという夢はかなえられなかったが、インタビュアーとして、没後20年目となる尾崎豊について話を聞く機会を得られた。

その直前のことだ。未曽有の震災から10日後の3月21日、テレビ東京で成宮寛貴主演の「風の少年」というドラマが放映された。没後20年目にして、尾崎の生涯が初めてドラマになった瞬間だった。

日本で最も多くのコンサートを手掛ける「ディスクガレージ」の中西は、その画面を観ながら、ある1曲に目と耳を奪われた。

〈僕が僕であるために〉

わけもなく涙があふれた。1stアルバム「十七歳の地図」の締めを飾り、1997年1月3日にはSMAP全員が主演したスペシャルドラマ「僕が僕であるために」（フジテレビ）のモチーフになるなど、時代を追うごとに再評価された佳曲である。

東日本大震災による被害は、甚大な津波や原発事故の映像と重なり、アーティストの中にも心身の不調を訴える者もいた。スピッツの草野マサムネが「急性ストレス障害」でいくつかの公演を延期と報じられた。

中西はアーティストに寄り添う立場として補足した。

「アーティストはもともと感受性が強いんです。彼だけでなく、ずっと映像を観ていてメンタルに影響が出た人はたくさんいます」

影響はアーティストだけではない。余震の頻発や電力不足もあり、また社会的な自粛要請のムードも手伝って、コンサート環境そのものに大きな影を落とした。音楽産業はCDよりライブ需要のほうにシフトしていた時期だけに、ここで連日のように大小問わず中止となるのは痛手だった。

インタビューした当時、すでに多くの公演が中止や延期というかつてない危機に直面しながら、中西は尾崎の歌を聴いた。

「今こそ『僕が僕』でありたいし、この苦境に『勝ち続けなきゃ』いけないんだと背中を押されましたね」

そして話は1983年にさかのぼる。中西は尾崎のデビュー直後、担当のプロモーターとしていくつかのライブに関わっている。

またそれ以前も、デビューアルバムの宣伝にも一役買っている。自社のモニター会員を集めて、「十七歳の地図」の試聴会を開いたのだ。

「30人ほどの会員に聴いてもらいましたが、9割の人は『歌詞が独りよがり』とか『リアリティーがない』とか否定的。残りの1割が『バラードはいいメロディーだ』って好意的な意見でしたね」

尾崎のアクの強さを思えば、初めて耳にした時の違和感は推測できる。また、それがあったからこそ唯一無二の存在感を発揮できたとも言えよう。

そして１９８４年3月15日の新宿ルイードでのデビューライブだが、ここにも音楽業界の一致団結があった。

「いくつかのプロモーターが会社の枠を超えて集まり、尾崎を売り出そうという感じでしたね。初ライブの会場は、絶対に新宿ルイードだろうと皆が推した」

80年代の音楽シーンにおける新宿ルイードは、１５０人ほどのキャパでは測れないほどの影響力があった。佐野元春や山下久美子が「炎のライブ」を重ね、それが全国的な人気へ広がっていく。熱量の高いアーティストこそ、初陣を飾るには「ここしかない」というハコであった。

冷静に自分のライブを振り返る

やがて尾崎のライブは、アクシデントを含めて数々の伝説を生み出していく。日比谷野音で照明台から飛び降りた一件だけでなく、高知ではギターで会場を壊して出入り禁止になり、岡山では曲の途中で中断したこともあった。

中西は、主催した１９８４年7月16日、千葉県文化会館のコンサートの帰り道が印象深いと言う。

「あんなにキレているようなステージだけど、帰りの車で1時間ほど、ずっと冷静に振り返っていた。MCの内容や曲順を分析しており、こんなに客観的に自分を見ているんだって驚きましたね」

尾崎がデビューから在籍した事務所には、大友康平率いるハウンド・ドッグという先輩がいた。売れたのは尾崎のほうが早かったため、いい意味で切磋琢磨を強いられた。

やがて、尾崎とドッグは、ライブの仕掛けにおいても別の路線となる。ドッグは下積みの長いバンドらしく、渋谷公会堂から日本武道館、さらに西武球場と、年月をかけて規模を大きくしていった。

ところが尾崎は、日本青年館から半年あまりで大阪球場を埋めている。当時の音楽シーンでは、ありえない急伸だったと中西は記憶する。

「アーティストがすごい勢いで成長する。そのスピードにまわりのスタッフがついていけないと、どうしても信用できなくなる」

それまで「おい、尾崎」と呼べたものが、話しかけにくくなったという声も聞いた。それは、アーティストとスタッフ双方の探り合いかもしれなかった。

1988年6月22日、尾崎は生涯で唯一のテレビ出演をする。フジテレビの「夜のヒットスタジオ」で、前日に発売された「太陽の破片」を歌った。中西は、その日の映像を今も永久保存版として保管している。

「テレビを観て震えたんです。事件を起こして拘置所に入り、釈放された経緯があっての歌い出しが『失望と戦った』でしたから。あれだけの葛藤を詞にして、しかも、かなり凄いレベルの曲に仕上げる尾崎に驚いた」

尾崎豊にしか書けない歌は、ここにひとつの到達点を見る――。

訃報、震災、そしてコロナ禍

1992年4月25日、尾崎は26歳の若さで世を去った。訃報に接した中西は、あまりの喪失感から「業界の尾崎シンパ」の2人を誘い、北関東の温泉宿へエスケープした。

仲間のひとりはテレビで報道される内容に腹を立て、酔った勢いで「ウソばっかり語るな!」と局に電話をかけたという。

尾崎の死の直後にリリースされたアルバム「放熱への証」(2011年)を聴いた中西は、そこに〈死の暗示〉を感じ取った。ある種の達成感と、絶望感と表裏一体になった希望の芽が詞に描かれていた。

2011年、尾崎がドラマ化されたことを機に、尾崎のレコードを引っ張り出して聴いてみたが、サウンドとしてまったく古くなっていないことに中西は感服する。

さて、大震災によるコンサート業界の苦境は、逆にアーティストが「今こそ音楽で支援を」の名のもとに、チャリティー公演などに力を発揮した。さらに布袋寅泰と吉川晃司の伝説のユニット「ＣＯＭＰＬＥＸ」が21年ぶりに復活し、ガールズバンドの頂点に立った「プリンセスプリンセス」も翌２０１２年に16年ぶりの再結成と、ファンに夢と希望を与えてくれた。

中西は現在、ディスクガレージホールディングスグループの代表としてだけでなく、一般社団法人コンサートプロモーターズ協会の会長職にも就いている。２０２０年から長引くコロナ禍は、アーティストだけでなくライブ環境にかかわるすべての人々を窮地に追いやっている。

中西は各音楽団体とともに、政府に対して深刻な現状を訴えている。尾崎がライブシーンから飛躍的な成長を遂げたように、この国になくてはならないのが「音楽」であり、そして「ライブ」という最高の環境であることを――。

ＰＶ時代が幕を開ける

1982年12月1日、ちょうど尾崎がデビューする1年前に発表されたマイケル・ジャクソンのアルバム「スリラー」は、全世界で約6500万枚を売り上げ、史上最も売れたアルバムとしてギネスブックにも認定されている。さらに、全9曲のうち「今夜はビート・イット」など7曲がシングルカットされ、そのすべてが全米チャートのトップテンに入るというとてつもない記録を残した。

本作の評価はマイケルが2010年に没したあとも揺るがないところだが、さらに革命だったのは、プロモーションビデオ（以降、PV）の価値を飛躍的に高めたことにある。表題作の「スリラー」においては、14分もの短編ホラー映画のようなMVが絶賛された。また、かの有名な月面歩行を模したムーンウォークを初めて披露した「ビリー・ジーン」では、それまで、黒人音楽家の映像を時代錯誤的に拒否してきた放送局「MTV」が、あまりのリクエストの多さゆえ、異例の解禁に踏み切っている。

そしてこの波は日本にも到達し、アーティストたちにとって「PV」の存在は、新譜のレコード発売とセットになった。日本でも家庭用のビデオデッキが広く普及し、町にはレンタルビデオ店がそこかしこに現れた。アーティストのコンサートを丸々収録した2時間前後のライブ映像も商品になっていたが、わずか数分の1曲を、いかにインパクトのある映像として見せるかが始まった時代でもある。

尾崎は、そんなタイミングに産声を上げたアーティストの代表格となった。筆者も「尾崎豊のライブ映像」と縁を持ったひとりだが、PVもライブ映像も、ほとんどを手掛けたのが演出家・佐藤輝だった。ここからは佐藤が映画やDVDの発売などに寄せたコメントから採録してみたい。

佐藤は、TBSから独立した制作会社・テレビマンユニオンを経て、1974年に「テル・ディレクターズ・ファミリィ」を設立。翌1975年には、矢沢永吉が率いたキャロルの日比谷野音におけるラストコンサート「グッドバイ・キャロル」を第1回作品として演出する。

また美空ひばり、内田裕也、沢田研二、萩原健一など、錚々たる顔ぶれが佐藤の手によって斬新な映像となる。美空ひばりと岡林信康の共演、萩原健一と沢田研二が新宿・ゴールデン街で語らう姿、矢沢永吉と松任谷由実が湘南の海岸で語らう姿などを演出した。絶頂期にあった山口百恵も、テレビ東京の「私…」という特集番組で、通常に運行している地下鉄の中を百恵が歩いていくなど、驚きの映像に収められている。

矢沢永吉に関しては、ソロになって初めての日比谷野音（1976年7月24日）や、日本人ソロ・ロックアーティストとして初めて立つことになる日本武道館（1977年8月26日）や後楽園球場（1978年8月28日）も、佐藤によって映像作品に仕上がった。

時期は大きくまたぐが、ＮＨＫでオンエアされた「二人のＴＡＫＥＳＨＩ」という特別番組は、ビートたけしと北野武がともに歩き語り合う姿を、緻密な撮影テクニックも合わせて〝共演〟させている。

70年代もいよいよ終わりに近づいた１９７９年12月20日には、日本武道館で内田裕也を中心とした「第３回 ＲＯＣＫ'Ｎ ＲＯＬＬ ＢａＫａ」が開かれ、佐藤は企画・演出を担当する。１９７７年の沢田研二、１９７８年のピンク・レディーという日本レコード大賞の栄誉に輝いた２組がゲストで参加し、満員の観客でにぎわった。

砂丘のロケであわや失明の危機

このライブにはデビュー直前のハウンド・ドッグも出演し、以降も佐藤は映像の演出で縁を持つことになった。

そして尾崎のデビューライブの記録映像や、セカンドシングル「十七歳の地図」のＰＶなどを次々と手掛けるようになる。

佐藤が尾崎と初めて会ったのは、新宿ルイードでのデビューライブの直前だった。１９８４年３月15日のことである。あまりにも有名なエピソードだが、この日、通っていた青山学院高等部の卒業式だった。少し前に中退した尾崎は、何としてもこの日にデビューライブを決行したかった。

ルイードがあったビルの1階の喫茶店で顔を合わせた。不覚にも風邪をひいて高熱だった尾崎だが、何本もの注射を打って熱を下げ、絶対にこの日に出陣するのだという気概に満ちていたと記録されている。

その一方で、ライブが始まる前に「ちょっと街を見てきます」と言って、ふらりと会場を飛び出す。

歴代のアーティストを見てきた佐藤にとっても、デビューライブにして披露された楽曲の数々は、それほど高い水準にあった。1stアルバムの全10曲のうち、没後も含めれば5曲がシングルカットされ、ドラマ・CMの主題歌として、そして今なおカラオケでも絶大な支持を得ている。

そして佐藤は、尾崎によって初のPVとなる「十七歳の地図」を撮った。ライブ映像をベースとしながら、蜜蜂のイメージシーンが強烈なインパクトを残した。

1984年当時、地上波の深夜帯ではPVを扱う番組が増えていた。多くは海外のPVをそのまま何本か流すスタイルだったが、日本のPVに特化したプログラムも出現する。特に映像作品に積極的だったソニー系のアーティストはオンエアの機会が多く、そこに尾崎の「十七歳の地図」も含まれていた。

佐藤が映画「尾崎豊を探して」（２０２０年）の公開当時、語ったところによれば、蜂蜜を塗った上半身に虫や蝶を何十匹も貼りつけた。実は尾崎は虫が苦手であったが、まったく何も言わずに撮影に向き合った。

それは尾崎ともおおいにシンクロする部分だった。年齢で17歳違うこともあるが、尾崎は佐藤のディレクションに「ＮＯ！」を突きつけたことは一度もなかった。その流儀は、初めてのＰＶである「十七歳の地図」から始まっている。

この日、静岡の浜松にある中田島砂丘でロケをした。そこで、強烈な光を放つアークライトを使った。尾崎は「絶対に直視しないように」って念押しされていたが、その横のカメラを凝視するあまり、目にライトが入る。炎症を起こして、すぐに救急車で運ばれた。

大事には至らなかったが、いかにも尾崎らしい熱の入り方であろう。そして尾崎を世に知らしめることとなった「卒業」は、過酷な撮影となった。テイクを重ね、10回、20回と「やり直し」が続く。

尾崎の表情は次第に、困惑へと変わってゆく。佐藤に対して従順ではあったが、それでも、異変であることに気がつく。当時の様子を、佐藤は同作のＰＶが没後にＤＶＤ化された際のライナーノーツに記載している。

〈「卒業」のＰＶの撮影したのを改めて編集したら、25回撮影してました。１コーラスかフルコーラスかなんだけど、あいつが一公演やるぐらい歌わせてました。

今回全部見直してみたら、明らかに「これはＯＺＡＫＩが怒ってるな」と。頭にきちゃってるというのがはっきりわかるんです。

最初の4、5テイク目くらいは「何だ、これは」っていう感じなんだけど、それがだんだん怒りに変わり、15、16テイク目くらいになると絶望感に変わってくる。そして最後は観念して19テイク目できれいな気持ちでわだかまりなく歌ったとき、あいつがポロっと涙をこぼすの、歌いながら。

それまでは怒りと諦めと絶望感だから「なんでこんなに歌わせられなきゃいけないんだ」って感じです。ひとことも言葉では僕に文句は言わないんだけれど〉

同作では、この怒涛のやり直しの前に、水の中での撮影があった。実は尾崎は水が苦手だったそうだが、それをおくびにも出さず、6時間にも及ぶ撮影を続けた。それは、恐怖との格闘であったのか――。

佐藤は、あとで尾崎の水恐怖症を聞いて「だったら2時間くらいにしといてあげたのに」と、事もなげにつぶやいた。そこにもまた、映像に賭ける男たちのプライドが透けてみえる。

そして尾崎と佐藤は、さらに「表現者と演出者」の極限の闘いを紡いでゆく。

顔にペンキをかけるひらめき

３ｒｄアルバム「壊れた扉から」に収録された「Ｄｒｉｖｉｎｇ Ａｌｌ Ｎｉｇｈｔ」のＰＶは、１９８５年8月25日の大阪球場のライブ映像をベースとしている。これに追加して、江東区の有明埠頭で、交通量の少ない時間帯を狙い「ノーヘルでバイクを疾走する尾崎豊」を撮ろうとバイクを走らせた。

尾崎はバイクにノーヘルで乗っていたが、どこからか通報されたのかパトカーがやって来た。

当時、高視聴率だった「西部警察」（テレビ朝日）で、そして「あぶない刑事」（日本テレビ）で、舘ひろしがノーヘルでハーレーダビッドソンにまたがり、さらには両手でショットガンを持つ姿が大人気のポーズとなった。ところが、現実には道路交通法に引っかかってしまう。尾崎のバイクを佐藤ら撮影班は車で並走して撮影していたが、瞬時に尾崎に耳打ちする。

尾崎には申し訳ないが、ここで撮影班も警察に行ってしまったら、それまで撮った映像が没収になってしまう。尾崎はまったく動揺せず、パトカーに乗せられ「もう2度とやるなよ」と言われ、生来の礼儀正しさのおかげもあって、すぐに解放されて帰ってきた。

もうひとつ、佐藤流演出として語り継がれるのが「ＦｒｅｅｚｅＭｏｏｎ」にほかならない。尾崎にペンキがぶっかけられ、さらには映像が逆回転するなど「前衛的」の極致となった。

ＣＧなどなかった時代、実際に顔や体にペンキが勢いよく飛んでくることの苦痛は、映像作品に残すという強固な意志のアーティストでなければ耐えられなかったかもしれない。何人ものスタッフがイントレに乗り、ペンキの入った缶を尾崎に浴びせる。距離があるため、佐藤が思い描いた軌道になりにくかった。

実は別のＰＶの撮影が終わってシャワーを浴び、帰路につこうとした瞬間だった。

「悪いけど、ペンキかけていいかな」

いつか使う日があるかもと思い、缶のペンキは用意してあった。佐藤の要望に、尾崎は素直に「はい、わかりました」と言って新たな撮影に戻る。

当時の佐藤に言わせれば「平然とした表情」だったという。

佐藤の演出は、感性のままに撮ることを一部で批判されることも少なくなかった。カメラのスイッチングが激しい「チカチカ」などは最たる例である。それでも佐藤は、そんな批判など意に介さず、むしろ賛辞が寄せられることのほうを、逆に懐疑的にとらえていたという。

誰よりも尾崎自身が納得しているのなら、それでいいというのが2人の共通の認識だった。コンテなしですべて現場だけで作り上げていった。

日本のみならず海外でも高い評価を受ける「I LOVE YOU」は、信じられない話だが、発表当初はレコード会社の評価が低く、アルバムからシングル化の動きはなかったという。これに唯一、反論したどころか「勝手にPV」を撮ったのが佐藤だった。

佐藤は、牢獄のような病室という設定のスタジオで、立ち位置以外の指示は与えずにカメラを回した。尾崎は、スタートの合図とともに涙を流してのたうち回り、カットの合図で、いつものように「お疲れ様でした」と涼しげな表情に戻る。

今もテレビなどでオンエアされる「I LOVE YOU」の映像は、生前最後のライブとなった1991年10月30日、BIRTHツアーの最終日である代々木オリンピックプールの歌唱映像に統一されている。そのため、このPVが日の目を見ることはほとんどない。曲調と合っていたかと言われれば疑問符はつくのかもしれないが、まさしく佐藤と尾崎が阿吽の呼吸で作り上げた「幻の名作」であったかもしれない。

ある日、ラジオに出演した尾崎は、PVに対してリスナーから批判的なメッセージが寄せられたという。これに対して尾崎がちょっと怒っていた様子だったということを、尾崎のマネージャーが佐藤に伝えている。

語り継がれる熊本の悲劇

佐藤は84年のデビューライブから、ほとんどのライブ映像にもカメラを回した。中でも特筆されるのは、1987年8月22日から翌23日にかけて、熊本・阿蘇にオープンしたばかりの熊本県野外劇場・アスペクタで行われた「ビートチャイルド」であろう。

日本初のオールナイト・ロック・フェスティバルとして開催され、熊本の高原に7万2000人もの観客動員を記録した。その原動力となったのは、当時としては豪華すぎる顔ぶれにほかならない。佐野元春、BOØWY、ハウンド・ドッグ、岡村靖幸、渡辺美里、白井貴子、ザ・ブルーハーツ、レッドウォーリアーズ、ザ・ストリートスライダーズ、そして尾崎らが一堂に会したのである。

この日に先駆け、ほぼ同じ顔ぶれで8月5日と6日に「広島平和コンサート」が開催されていた。こちらは屋根付きの会場ということもあり、なごやかな雰囲気で幕を閉じた。尾崎は2日目の6日は出演予定がなかったものの、予定外の弾き語りで「シェリー」と

「僕が僕であるために」を歌っている。また初日には渡辺美里のステージに、2日目には親友の岡村靖幸のステージに、陽気な表情で飛び入り参加する。

それから約2週間後の「ビートチャイルド」は、日本の野外ライブ史に長らく語り継がれる一夜となった。

〈史上最低で、最高のロックフェス〉

2013年に佐藤が撮影していた映像が、限定的に劇場公開された時のキャッチコピーだ。今のように野外フェスが定着している時代ではない。どれだけ電源車を持ち込もうが、仮設トイレを設置しようが、すべては広大な高原でのステージである。ひとたび雨が降ってしまえば、それは過酷な環境となる。

佐藤ら一行は前日のリハーサルから日をまたいだ本番、終演後に最後のお客さんが帰るまでずっと撮影のために丸々3日間は徹夜する。豪雨の本番中に救急車は500回ほど出動したと記録される。

この日、山間のステージにはすさまじい豪雨が襲った。泥濘が斜面となっている客席にうねりとなってなだれ込み、さらには8月とはいえ、急激な気温低下も観客の体温を奪った。最も激しく雨が降ったのは、日付が変わった午前2時、11組目に登場した尾崎の時で、その雨量は71・5ミリメートルの記録的豪雨であった。

多くの観客は、8月の熊本のステージということで、上着すら羽織らない者がほとんどであった。寒さに震えてステージを観ているうちに、立ち上がったままフラッと倒れ込む客が次から次へと現れた。それでも、佐藤はカメラを止めなかった。

スタッフにはふたつの避雷針に登らせた。雷が当たることはないが、すぐ近くに何百回と落雷し、カメラマンが何度も絶叫しながらの撮影であった。

現在のコンプライアンス基準では、即刻中止となるところだろう。ステージも客席も、野戦病院さながらの状態だった。実際、最も広かったアーティスト用の楽屋は、運び込まれた観客の休憩所と化していた。

水浸しのステージでは満足な音は出せず、佐藤ら撮影クルーも雨水との戦いを強いられることになる。

撮影はカメラに防水シートを巻き、レンズフードもつけていたが、1曲の半分、ほんの1分半で水浸しになってしまう。カメラを下に向けて水をかき出し、また元に戻す。すり鉢状の客席地面が大雨で剥がれて、どんどん泥水が溜まっていってしまった。

熊本に生まれた筆者は、当時は東京にいたものの、これほど行きたいと熱望したライブは久しぶりであった。とはいえ、マスコミの仕事に従事して1年に満たず、仕事の日程的にも熊本までの交通費の蓄え的にも、わがままを言える身ではなかった。

良くも悪くも伝説のライブは、最後に登場した佐野元春の時に雨が上がり、朝日とともに歌われた「ＳＯＭＥＤＡＹ」がオーディエンスを感動に包んだという。

やはり、どんな無理をしてでも歴史の目撃者として行くべきだったのか、極限の気象条件を考えれば行かなくて良かったのか、筆者は今も自問自答することがある……。

東京ドームの記憶

さて、佐藤にとっても尾崎にとっても集大成の意味合いを持つのが、１９８８年９月12日、最初で最後となった「東京ドーム公演」だろう。昭和が終わるまで約４カ月のことであるが、これだけの大舞台でも、やはり尾崎は尾崎であった。

初めて５万６０００人の前で歌う東京ドームだが、序盤は声がガラガラで、寝っ転がった状態で歌っていた。ただ、後半にはちゃんと声が出るようになっているのも尾崎のすごさであった。

やがて、尾崎は独立したことを機に、自身のプロデュースでＰＶを作ろうとした。佐藤が使っていた編集所と編集マンを指名したが、思う形にはならず、ＰＶそのものが暗礁に乗り上げた。

尾崎は佐藤に対して一度もPVの出来などに対して意見を言うことはなく、また佐藤も、尾崎に限らずではあるがアーティストと一定の距離を置く。

佐藤は尾崎の映像に関しては、400時間に及ぶ膨大な映像を今も消していない。今のようにPCで簡単に処理できる時代と違って、編集ひとつ取っても、気の遠くなるような作業の手間もかかっていた。

2020年1月3日に公開された記録映画「尾崎豊を探して」は、監督の佐藤にとって、デビューライブから認め合い、全力投球してきた日々の集大成だった。

第六章

素顔

ライバルになった坂上忍

「何だ、これ！　すっごいクドくない？」

俳優・坂上忍は、尾崎の1stアルバムを聴いた時、そんな違和感を口にした。いかにも毒舌を最初にぶつけるのは、坂上の真骨頂であろうか。

坂上は1970年代、ドラマ界きっての天才子役と呼ばれた。特に「泣き」の演技に対しては天才的な力を発揮し、TBSの石井ふく子プロデューサーや脚本家の橋田壽賀子に重宝される。

そんな坂上が歌手に転向したのは尾崎に遅れること半年、1984年5月21日だった。子役時代も何枚かレコードを出してはいるが、より本格的にバンドスタイルでロックを歌うことになった。

そしてレーベルも同じCBS・ソニーであることから、スタッフから尾崎の音源をもらった。自身がデビュー盤を出す少し前だったと記憶している。

尾崎の歌声に坂上が思ったのは――、

「こんなに思い入れが強くても困るよっていうのが正直な感想。今で言うと〝ドン引き〟

って表現かな。ただ、最初の新宿ルイードのライブを観に行って印象が変わりました。それは尾崎君よりも、お客さんを見て変わった。あの過剰なまでの空気に、こんなについていける人たちがいるんだって驚きでしたね」

坂上は、同時期にデビューした尾崎や吉川晃司、さらに本田恭章と並んで、たびたび音楽誌で比較された。現在、司会者として多忙を極め、芸能生活で2度目の花を咲かせているる姿しか知らない人がほとんどであろうが、まだ十代の日々に「若手ロック四天王」と呼ばれたことがあったのだ。

さらに坂上は文才も買われ、音楽誌でコラム連載も持っていた。好きなアーティストであるものの佐野元春はニューヨークに行く前のアルバムのほうが好きだったとか、尾崎のライブに出かけ「今度は俺のライブにも来てくれよ」と声をかけたことなど、坂上らしい奔放さが文面から見え隠れした。

坂上自身の弁によってライバルたちを大別すると、アイドルの吉川晃司、フォークロックの尾崎豊、ビジュアル系でアーティスト志向が高い本田恭章となり、そして自分はと自問自答する。

「どこか中途半端だと思っていました。そもそも、子役時代からの役者の仕事がイヤになって、それをやめる口実に音楽を選んだんです。ところが、それがビジネスとして成立すると、芝居と音楽では流れていく時間が違うことに気がついた。だって、1日の取材が15本あって、ずっと同じような質問に答えるなんて歌手になってからのことですよ」

今も坂上がロックをやっていた頃の映像は、お宝ショット的にバラエティー番組で使われることがある。ただ、大ヒットまでいかなくともシングルはコンスタントにオリコンチャートの50位内には入った。

ある意味、やり続けることも可能なセールス状況ではあった。

真夜中に聞いた唯一の本音

尾崎とは、夜の六本木で何度となく遭遇した。芸歴は坂上のほうが長いが、坂上の拠点は歌舞伎町だったため、六本木という空気にはなじめないでいた。バブルに突入したにぎやかな街で、坂上はポツンとカウンターにいることが多かった。

そこに静けさを破る者が現れた。

「忍ちゃ〜ん、元気ィ?」

陽気に酔った尾崎が抱きついてくる。坂上は、ステージから発散する尾崎の世界と、六本木になじむ芸能界的な匂いとのギャップにとまどった。

「何だよ、あれウソじゃんって思うほど、尾崎君は遊び慣れていた。吉川君とツルんで飲んでいることが多かったけど、2人に『はしご酒チーム』って名づけたくらい延々と飲んでいた」

その流れの中、たまたま尾崎がひとりでいるところに出くわした。後にも先にも2人だけで飲んだのは一度きりで、尾崎のデビューから2年ほど経っていたと記憶する。

「もう、曲が書けないんだよなあ……」

ポツンとつぶやいた言葉に、坂上の中でようやく、尾崎のギャップが埋まった。飲んではしゃいでいるのも、その「本音」があったのかもしれないと思った。

デビュー前にのめり込んで作った「15の夜」や「十七歳の地図」を、ある意味、演じるように歌っていかなければならない難しさ。自身が子役から大人の役者に切り替える難しさと同質のものだと思った。

「でも、あの人がいちばん、ブレがなかったかもしれない。ちゃんと『嫌われる覚悟』があって歌っていたように思えた。4人の中では、いちばん最後まで歌い続けるんだろうって思ってた」

坂上はほどなくして音楽活動をやめ、俳優の世界に戻った。あとの3人はそれぞれに音楽活動を継続していたのだが、1992年4月25日、尾崎は民家の庭先で倒れ、その直後に自宅で息を引き取っている。直接の死因は「肺水腫」と発表された。

その死因について憶測も飛び交ったが、坂上は訃報を聞き、これが尾崎自身の「終わらせ方」だと思った。

「あっ、こんな形なんだと思いましたね。当時、いろんな部分が破たんしているって話も聞いていたけど、どこか『こういうやり方』で幕を引いたんだと思った」

坂上に話を聞いたのは、東日本大震災から１カ月も経たない２０１１年3月下旬のことだった。インタビュー中にも震度４の余震が襲ったが、まったく動じなかったのは、現在の売れっ子司会者になるべくしてなる豪胆さだと筆者は感心させられた。

その当時、生きていれば尾崎は45歳である。２つ年下で43歳だった坂上には、その姿はまったく想像できないという。さらに50歳を超えた坂上には、尾崎はただひとり、永遠に若いままの姿である。

近親憎悪を感じた川上麻衣子

尾崎自身が「暴力」を煽っていたわけではない。ただ、時代背景として１９８０年代は、かつてないほど「若者たちによる学園の荒廃」が社会現象となり、ニュース映像で尾崎の

「15の夜」や「卒業」がバックに流れることも少なくなかった。またそうした風潮を映像化した作品も多かった。

ざっと挙げれば、映画では仲村トオル・清水宏次朗・中山美穂の「ビー・バップ・ハイスクール」（１９８５年、東映）があり、ドラマでは高部知子の「積木くずし」（１９８３年、ＴＢＳ）、いとうまい子の「不良少女とよばれて」（１９８４年、ＴＢＳ）、杉浦幸の「ヤヌスの鏡」（１９８５年、フジテレビ）などがある。

山下真司主演の「スクール☆ウォーズ」（１９８４年、ＴＢＳ）に至っては、タイトルバックで生徒たちが校舎の窓ガラスを壊し、バイクで校内を疾走するシーンまであった。こちらのオンエア開始のほうが尾崎の「卒業」のリリースより少し早いが、脳内でセットになって記憶されるインパクトである。

こうした映像作品で屈指の名作と呼ばれるのが、武田鉄矢主演の「3年B組金八先生（第2シリーズ）」（１９８０年、ＴＢＳ）である。学園ドラマで初めて「いじめ」や「校内暴力」に焦点を当て、評判を取った。

流行語になった「腐ったミカンの方程式」や、最終回直前に中学生が手錠をかけられるシーンは、高い視聴率とともにドラマ史に残る名場面と呼ばれた。特に補導されるシーンで一切のセリフをカットし、中島みゆきの「世情」だけが流れるという斬新な演出は前代未聞であった。

オンエア当時、尾崎は生徒たちと同じ中学3年である。前シリーズ「1年B組新八先生」（1980年、TBS）は、尾崎が「追っかけ」だった歌手・岸田智史が主演だったし、その流れで夢中で観ていたことは容易に推察される。

そんな尾崎と、よく六本木の街を飲み歩いたのが女優・川上麻衣子だ。川上は「3年B組金八先生2」の優等生ヒロイン・迫田八重子役で注目を浴びた。主演に近い生徒役の松浦悟（沖田浩之）と加藤優（直江喜一）の間で、淡い三角関係を示すような役どころだった。ただ、同じ世代の尾崎に対しては「卒業」の暴力的な歌詞に、むしろ近親憎悪のようなイメージで拒否反応があったという。

「印象が変わったのは、1987年に逮捕されたあとの深い人生観の歌を聴いてからです。同学年でもあったし、ぜひ会いたいと思って、共通の知り合いの戸川京子を通じてゴハンに行くようになりました」

1989年のことである。戸川京子とは、個性的なシンガー・戸川純の妹で、自身も歌手や女優として活躍していた。さらに「北の国から」で注目された俳優の吉岡秀隆らも含め、若者たちは夜の街を闊歩する。

太宰治を語り合った

やがて、川上と尾崎は互いに「尾崎君」「麻衣子さん」と呼び合う仲になり、特に太宰治の話で盛り上がることが多かった。また芸能界きっての酒豪で知られる川上につられてか、飲んだ尾崎も陽気な面をたびたび見せた。

「カラオケに行くと自分の『太陽の破片』も歌ってたし、あとは浜田省吾さんの歌も聴かせてもらいました。私にとっては明るい人という印象しかなかったですね」

ところが、思わぬ形で疎遠になっていった。1991年に尾崎と女優・斉藤由貴の不倫が発覚し、大きな騒動となる。尾崎には幼い長男がいたこともあって、斉藤と同じ「女優」である川上と、それまでのように近い距離を取らなくなった。いや、取れなくなったというほうが正しいのだろう。

そして音信不通が1年ほど続いたのち、川上は突然の訃報を聞くことになる。

尾崎が1992年に亡くなると、1997年には親友だった女優・可愛かずみが、1999年には「金八」の級友だった沖田浩之が自らの命を絶つ形で世を去った。さらに尾崎を紹介してくれた戸川京子も、2002年に若い命を散らせた。

喪服姿で悲しみにくれる川上の姿は、たびたびワイドショーでオンエアされる。尾崎の死去に際しても、涙をこぼして護国寺の告別式に並ぶ姿があった。

あの日から長い時間が経った。川上は、世に出た時期が特別な年代であったことも含めて、振り返った。

「80年代にデビューした私たちは、知名度の上がり方が急激でした。いきなり有名になって精神的に不安定になったし、人気の維持や人間関係に翻弄されることも多かった。十代で得たものを20代、30代と、どう発展させていくのか……。尾崎君のように繊細な人ほど、悩んだのではないでしょうか」

尾崎豊は、悔いなく燃焼しつくしたのだろうか――。

大沢樹生と六本木の夜

1980年代は、まだJ-POPと呼ばれる前の音楽シーンが劇的に変化し、現在の隆盛につながった時代だ。同様にアイドルシーンもまた、何度となく爆発を繰り返した。

始まりの1980年には、松田聖子と田原俊彦がそろってデビューし、これに河合奈保子らが続いて「80年組」と呼ばれるようになる。この年の終わりに、満を持して近藤真彦が「スニーカーぶる～す」でレコードデビューを飾ると、いきなりミリオンセラーの快挙を達成している。

2年後の1982年には「花の82年組」と命名されるほど、空前のアイドルブームをもたらす。シブがき隊、中森明菜、小泉今日子、堀ちえみ、石川秀美、そして前年末にいち早くデビューした松本伊代も加わり、若者たちがアイドルの親衛隊を立ち上げるほどに夢中になる。

1985年にはフジテレビの番組企画から「おニャン子クラブ」が生まれ、良くも悪くもアイドルがより身近な位置になり、今に至る「推しメン」をファンの間で競わせた。さらにメガトン級の衝撃をもたらしたのは、1987年にデビューした「光ＧＥＮＪＩ」だろう。

ジャニーズ事務所は、70年代のフォーリーブスや郷ひろみに始まり、90年代のＳＭＡＰや嵐など一定の周期で国民的なアイドルを生み出すが、デビューからの瞬間風速的な人気で言うならば、この光ＧＥＮＪＩが筆頭であろう。1988年にはオリコンシングルランキングの年間1位から3位までを独占。歴史あるアイドル誌「月刊明星」も、この時代が歴代最高の部数を記録している。

バックのダンサーだった中居正広や木村拓哉は熱量の凄さを目の当たりにし、常に「Ｓ

ＭＡＰは光ＧＥＮＪＩを超えられなかった」と漏らしている。
そこに中心メンバーとして身を置いた大沢樹生は、ジャニーズ特有の下積みシステムを経て、昭和最後の開催である１９８８年の「日本レコード大賞」で見事、大賞の栄誉に輝いている。マスコミ業界の駆け出しであった筆者は、大みそかの日本武道館で取材ノートにペンを走らせ、ステージが勾配のあるローラースケート用であったことに驚かされた。誰がどう見ても、大賞の栄誉に輝くのは発表を待つまでもなかった。

さて、大沢が尾崎豊と知り合ったのは、光ＧＥＮＪＩが結成される前、１９８５年頃である。大沢は４歳上の尾崎を「ユタカ君」と呼び、尾崎は「ミキオ」と呼んでいた。

大沢が、お互いの若き日を懐かしむように口を開く。

「当時、よく行っていた六本木のカラオケパブ『２００１年』や『３００１年』で知り合ったのかな。僕は前のグループの『イーグルス』が自然消滅して、高校生になったら、とにかく人脈作りをやりたいと思っていたから。ユタカ君はひとりで来ることが多かったので、自然と仲良くなっていった感じ」

その舞台が、バブル景気に向かっていた六本木であることは「必然」だった。大沢の先輩にあたる田原俊彦も、あれだけハードなスケジュールでも六本木に行くことを欠かさなかった。

「一晩でも行かなかったら、そこでどれだけ楽しいことが起きていたかもわからない」

田原がたびたびトーク番組で口にした言葉で、それだけ魅力的な街の匂いがあったのだ。さらに、特殊な職業である芸能人に対して、街も店も、全力で一見の客から守ってくれるという文化も根づいていた。

誕生日を祝った「十七歳の地図」

大沢も尾崎もまだ大ブレイクに至る前のピュアな出会いは、素直に「ウマが合った」と大沢は言う。

「ユタカ君は、ポイントポイントで歌ってくれるような感じ。ジャニーズのマネージャーが彼のことを知らなくて『あのうまい人は誰?』って聞いてきたくらい。そのくらい歌は素晴らしかったよね」

まだ若く、大した金も持っていなかった大沢だが、それでも「何とかなってしまった」のが時代の空気だろう。大沢と尾崎は、互いの仕事の話はほとんどせず、共通の友人の家に泊まりに行くなど、どこにでもいる若者のつき合いであった。

酔っぱらった尾崎が大柄な相撲取りにケンカを吹っかけ、あっという間にぶっ飛ばされる場面を見たこともあったと笑う。そして大沢にとって今も忘れられないのは、自身の17歳のバースデーに尾崎も現れ、そこで「十七歳の地図」を一緒に歌ってくれたこと。

「その時にポラロイドで撮った2人の写真と、ユタカ君から誕生日プレゼントでもらったキーが変えられる高級なハーモニカは、今もずっと宝物ですよ。ハーモニカはあまりに難しいヤツなんで、一度も使いこなせなかったけど(笑)」

やがて大沢はアイドルとして多忙を極め、また尾崎も全国ツアーなどで会う機会はなくなっていった。六本木に行くことも、大沢自身が激減していった。

「会わなくなってずいぶん経って、ユタカ君が逮捕されたあとの、ちょうど『太陽の破片』を歌っていた頃かな。僕も携帯を持つようになったので、共通の知り合いを通じて『番号を教えて』と言われたことはあったんです。もちろん教えたんですが、結局、かかってくることはなかったですね」

そして訃報を聞いたのは、光GENJIの仕事で出向いていた海外でのことだった。まず「あの若さでなぜ?」と思い、続いて「なんて不思議な死に方なんだ」と思った。会わなくなって長い月日は流れていたが、思い出すのは陽気に遊んでいたお互いの青春時代であった。

フォトグラフの風景

1989年に尾崎はキラー・カーンの店に立ち寄る

店が閉店するまでサインと写真は貼られた

フォトグラフの風景

尾崎の一周忌にも長い列ができた

渋谷クロスタワーのモニュメント

尾崎が初めて飾った「シンプジャーナル」表紙

音楽ライターが尾崎争奪戦を展開

筆者が手掛けた尾崎にとって初めてのビデオフェス

さらに筆者は10日間のビデオフェスを開催

尾崎の遺影の前で父・健一氏

著述家として多数の尾崎本を書いた

フォトグラフの風景

尾崎が自宅の玄関に刻んだビリー・ジョエル

ファンに親しまれた「尾崎ハウス」

大沢樹生の17歳の誕生日を
「十七歳の地図」で祝った

形見として大事にしている
ハーモニカ

第七章

残響

兄貴分だったダイアモンド✡ユカイ

正確な日時は覚えていないが、彼らがメジャーデビューする直前だから、1986年であることは間違いない。元レベッカの〝シャケ〟ことギターの小暮武彦と、現在はダイアモンド✡ユカイとして活動する〝ユカイ〟ことボーカルの田所豊を中心として「RED WARRIORS」(通称・レッズ)のプレデビューライブを観に、筆者は渋谷公会堂へ足を運んだ。

すでにデビュー前から、彼らは業界の期待を一身に集めていた。ロックバンドには、圧倒的なボーカリストと華麗なスターギタリストが妖艶に絡み合う「バディ」としての魅力が欠かせない。RCサクセションの忌野清志郎と仲井戸麗市、BOØWYの氷室京介と布袋寅泰、ザ・ブルーハーツの甲本ヒロトと真島昌利が代表例だ。

ギタリストのシャケはレベッカでの実績もあり、そこにユカイのパワフルなボーカルが加わったことにより、もはや完成形のような「お披露目」であったのだ。

そして筆者にとっても、後にも先にも一度きりの経験だが、デビュー前で音源もないので、知っている曲はひとつもないはずだった。まったくもって「予習」がない形でライブに臨んだ。それでも、約2時間のステージは一度も席に座ることなく体をスイングさせ、知らない曲ばかりのはずが、部分部分で口ずさんでいるという不思議なライブ経験をした。粋なロックンロールバンドの本質に、自然と体が反応していったのだ。

80年代半ば——BOØWYやバービーボーイズ、そしてレッズと、これまでの日本のロック史と違うビートを持つバンドが次々と出現し、筆者も「時代が変わる瞬間」を見逃すまいと、夢中になってライブ会場に通っていた時期だった。

そんなレッズは、ハウンド・ドッグや尾崎豊、THE STREET SLIDERSと同じマザーエンタープライズに籍を置き、1986年10月10日にアルバム「LESSON 1」で正式なデビューを飾った。

尾崎のデビューから2年10カ月遅れた形だが、年齢も、ミュージシャンとしてのキャリアも、レッズのメンバーのほうが上である。

ユカイは、4歳下の尾崎と初めて会った日のことから鮮明に語り出した。

「初対面の挨拶がわざとらしいくらいの体育会系で、逆にこいつ、本当は体育会系じゃないんだろうなあって思ったくらい。あとでお父さんが陸上自衛隊にいらした方だと聞いて、あの物腰はそこから来ているのかと納得したよ」

レッズのベーシスト・小川清史が尾崎のローディーをやっていた縁もあり、尾崎のアルバムは耳にしていた。残念ながら「ニューミュージックの延長」にしか聴こえず、取り立てて意識することもなかった。

「なんだかロックロックとはしゃいでいたけど、彼は海外のロックを勉強する間もなく、早くにデビューしちゃったんだよな。俺たちはアマチュアなりにロックンロールをやってきた。彼はオーディション出身だけど、俺たちはライブハウスからの叩き上げ。そのためか、俺に『ロックを教えてください』と言ってきたこともあったね」

ただ、尾崎の音楽には否定的でも、素直な性格はレッズのメンバー誰もが弟のように好感を持っていた。

レッズのライブで踊りまくった

ユカイは尾崎について、少しずつ分析できるようになっていった。

「二面性というのかな。ものすごく謙虚だし、やさしくていいヤツであることは間違いない。一方で、ライブなどで見せる〝鬼のような貌〟も忘れられないね」

ユカイは、尾崎を長嶋茂雄に例えた。底抜けに明るくて、ハチャメチャな部分を持っているからだという。もっと言えば、常人には理解できないレッドゾーンを振り切る部分があったから。とりわけ、タフな「食」にそれを感じた。

「あんなに細いのに、ライブのリハーサルの合間なんかだと牛丼を3杯立て続けにほおばるんですよ。広島でのイベントの時なんか、朝までずっと浴びるほど酒を飲んでいたのに、明け方の屋台でラーメンを2杯食っていたからね。なんというか、その体力がすごいなとうらやましくなったよ」

ここでユカイと打ち解けたと感じた尾崎は、はにかんだ表情で言った。

「ユカイさんも本名は田所豊ですよね。ということは、俺たちは『ダブルゆたちゃん』ですよね」

とてもうれしそうにベタなネーミングを口にした尾崎自身は、それほどユカイらが作り出すロックンロールを純粋に愛していた。ユカイが驚いたのは、ライブハウスでの公演に尾崎がふらりと現れ、レッズのファンと一緒になって跳ねるように踊っていたこと。

「自分たちも幼いほうだけど、尾崎はもっと幼いんだなと思ったよ。あれだけのスターなのに、周りの目なんか気にしないんだから」

最近になってユカイは、ＹｏｕＴｕｂｅなどで尾崎のオーディション時の映像を観た。生前のライブで最後に歌った「ダンスホール」がその時のエントリー曲である。始まりと終わりを同時に刻んだ歌であるが、その水準に目をみはった。

「この時に高校生だったと思うと、いい意味で大人びた歌詞も、歌声も完成されていたよね。音楽性は違っても、俺たちの世代にすごいヤツがいたんだなと思うよ」

そしてレッズと尾崎は、ステージにおいても交差してゆくことになる。

球場から照射されたエネルギー

1987年の8月、広島における「平和コンサート」と、熊本での「ビートチャイルド」が、尾崎とレッズが公式に同じ場に立った舞台である。広島は前述のように、朝まで続いた打ち上げの豪快さが「なごやかさ」を打ち出していた。

では、誰もが「惨劇」と口をそろえる熊本はどうだったか――。

「俺たちはブルーハーツに続いての早い出番だったから、まだ豪雨になることもなく、最高の終わり心地だったんだよな。そこからだね、どんどんと雨が大変なことになって。ミュージシャンもそうだけど、野ざらしになったお客さんがいちばん大変だったよ」

ユカイは後日、当時は大分に住む17歳の少年だったユースケ・サンタマリアから「自分も救急車で運ばれました」と打ち明けられた。ユカイは、ここに「被害者」がいたのかと大笑いした。

「まさしく残骸と言うのかな。草原の客席だったところには、女物の下着まで散らばっていたらしいから。今はフェス全盛だから、そうした対応も改善できているんだろうけど」

尾崎やユカイらが所属したマザーエンタープライズは、集客力に見合わなくても、いち早く巨大な会場に乗り出すことで知られていた。１９８５年８月10日に行なわれたハウンド・ドッグの西武球場がその嚆矢となる。

コンサートなら約４万人を収容できる球場には、空席のほうが圧倒的に多かった。筆者もそこに居合わせた「約３割の観客」のひとりだったが、そこに追い打ちをかけるように１曲目の「嵐の金曜日」の開始とともに、バケツを引っくり返したようなスコールが襲う。都心と違って寒暖差の激しい埼玉・所沢では、８月といえども、どしゃ降りの雨に打たれると寒さに震えた。

それでも、ライブの熱気と雨が小降りになったおかげで次第に体温も回復していったが、クライマックスに向かって再び非情の雨が容赦なく降りそそぐ。ベースの鮫島秀樹は、雨に打たれて音がまったく出なくなったベースギターを放り投げ、キーボードの箕輪単志に至っては、まだレコード発売前だった「ｆｆ（フォルティシモ）」のイントロがまったく鳴らず、客席から箕輪コールが起きたほどである。

極め付きは、終盤で「ラストヒーロー」を歌っている最中に、大友康平が演出用の花火を真正面から浴び、ものの見事に後ろに引っくり返ったことである。もはや、ライブの続行は不可能に思われたが、大友は絆創膏の上にバンダナを巻き、アンコールに戻ってきた。そして、翌年の同じ日に、何があろうとここでライブをやることを誓った。

この日の15日後に「ｆｆ（フォルティシモ）」がシングル発売され、バンドとして初めてベストテン入りする大ヒットになったこともあるが、西武球場での不運をファンの結束に結びつけたことにより、ハウンド・ドッグは一躍、メジャーなバンドとなる。

レッズも同じように早い段階から渋谷公会堂、日本武道館、そして西武球場と、採算度外視で進出していったバンドとなる。

１９８７年も年間１００本ほどのライブツアーをこなしていたユカイは、大阪でたまたまの偶然に気がつく。１９８７年８月３日、大阪球場で尾崎がライブをやっているというのだ。おそらく、広島平和コンサートが８月５日と６日で、その前乗り的なスケジュールでもあったのだろうか。

尾崎にとっては、１９８５年８月25日以来、二度目の大阪球場である。規模のわりにあまり語られることが少なく、映像作品としても正式に残されていない。一度目の大阪球場には〝密航〟した筆者も、この年に行なわれていたこと自体を失念していた。

記録によれば、のちの繁美夫人が友人と観に行ったこと。尾崎がライブ後に泊まったホテルにファンの子が押しかけ、目の前で一瞬にして全裸になったことなどが語られるくらいだろうか。

そしてユカイは、ここで驚きの体験をした。

「今まで観たことがなかったから、近いとこだし一度、行ってみようかと思ったんだよ。正直、曲に関しては年齢の差もあるから、それほど期待はしていなかった。ところが、ライブが始まって、何だろうな……びっくりしたんだよ」

残念ながら楽曲に対してではない。尾崎豊本人のエネルギーに対してである。

「広い大阪球場で観ているとよくわかるんだけど、球場からものすごくエネルギーが届いてくる。そうか、尾崎ってこれだったんだ！　CDではわからなかったけど、このエネルギーだったんだ！　ピンポイントで自分がいる席に向かって、それがブワーッと噴射されてくるんだよ。そうか、こういうことだったんだなって、ここで初めて『尾崎豊』を認識できたもん」

のちにローリング・ストーンズの来日公演などにも出向いたが、レジェンドの演奏は素直に楽しめても、あの日の尾崎のような衝撃は、ほかの誰でも味わうことはなかった。

「あのエネルギーの塊のようなステージは、彼が別物だったんだなって今でも思うね」

１９８７年８月、この大阪から広島へ、そして熊本へ、ユカイは尾崎とともに濃密な夏を過ごしたことになる。

そこに魂は抜けていなかったのか

尾崎の訃報は、アメリカでのレコーディングが終わって、帰国したと同時に知った。ユカイは、その数週間前に偶然に尾崎と会っていた。会員制の高級スポーツジムでのことで、顔を合わせたのは何年ぶりだろうかと思った。

「あれだけ太ったり痩せたりを繰り返していた尾崎が、最後に会った時は、痩せているだけでなく『あれ？　あの熱かった尾崎がこんなになっちゃったの？』と拍子抜けしたくらい。ものすごく大人びていたんだよ」

事務所を独立し、結婚して長男も生まれたあとだけに、大人びて見えるのは不思議なことではない。ただ、それだけではない〝引っかかり〟を感じたのだ。

「例えて言うなら『あしたのジョー』の力石徹みたいだった。減量の果てに、人生を達観しているような感じ」

力石徹とは、日本のコミック史に燦然と輝く「あしたのジョー」（原作・高森朝雄、作画・ちばてつや）に登場する天才ボクサーである。少年院で知り合った主人公のジョーこと矢吹丈の終生のライバルであり、もともとウエルター級（66キロ）の大柄な体格でありながら、ジョーと対戦するためにバンタム級（53キロ）まで、苛烈な減量を自らに課す。

試合が近づいたある日、乾いた体に耐えきれずに禁断の水を入れようとするが、視界に入るすべての蛇口は針金で固く閉ざされている。半狂乱になる力石だったが、令嬢・白木葉子の説得と、ジョーとの対戦への思いのみで思いとどまる。

やがて訪れたジョーと力石のプロとしての初めての対戦は、壮絶な打ち合いの末に、力石が勝利を収める。素直に握手をしようとしたジョーの目の前で崩れ落ちた力石は、限界を超えた減量と、ジョーが放ったテンプル（こめかみ）への一撃によって絶命する。

さて本来、尾崎のビジュアルイメージは矢吹丈のほうが近い。無造作にかき上げる長い前髪や涼しい瞳、しなやかな痩身であり、何よりもステージで見せるトリッキーな動きは、ボクシングのセオリーを超えた「ノーガード戦法」などを駆使するジョーにそっくりだ。ただし、ユカイが言うところの「力石徹的な部分」も、晩年の時期であるならば妙にうなずける。

その理由を、ユカイは続けた。

「俺は当時、事務所とうまくいっていなくて、そんなことを尾崎につぶやいたんだよな。そしたら『ユカイさん、人生はいろんなことがあるから』と言うんだ。あれっ、こんなことを言う男だっけかと思った。俺たちが知っている熱くて、素直で、明るくてハチャメチャな男だった尾崎はそこにはいなかったよ」

まるで、魂が抜けた〈幽鬼〉のようにも見えた。

「今から思えばだけど、こいつ、もうすぐ死んじゃうんじゃないかなと思うくらい影が薄かった。なんというか『死相』が漂っているようにも見えたんだよ。本来、そういうことはまったく別の、スッキリしたいい男だったのにと思ったね。なるほどな、あれが最期の別れになっちゃったんだなって、彼の訃報を聞いて改めて思ったね」

矢吹丈だったはずの尾崎が力石徹となって死んだ。余談ではあるが、主役のジョーを超えるほどの人気だった力石が連載されていた「少年マガジン」で最期の瞬間を迎えた後、架空の人物としては異例の告別式が執り行われている。それは、尾崎の葬儀が行なわれた文京区の護国寺と目と鼻の先にある講談社の会議室でのことだった。

そして矢吹丈もまた、ホセ・メンドーサの試合を壮絶に戦い「真っ白な灰になって燃えつきたよ」の言葉を残し、悠然として笑みを浮かべて、明記はされなかったがおそらくは最期の瞬間を迎えた。尾崎は「真っ白な灰」になれたのだろうか――。

樫原伸彦は驚嘆に包まれた

樫原伸彦が尾崎のライブにピアニストとして初めて参加したのは、1985年11月1日、四日市市文化会館から始まった「LAST TEENAGE APPEARANCE TOUR」だった。梶原は本来、スタジオミュージシャンであり、作編曲家であることから、ライブをサポートするということはなかった。

ただ、尾崎の3枚目のアルバム「壊れた扉から」にプレイヤーとして参加し、そのタイミングでバンドのキーボードの井上敦夫が脱退。尾崎にしても「アルバムと同じミュージシャンでライブもやりたい」の意向がくすぶっていたため、代わりに樫原が参加することになる。

ただ、樫原がこれまで接したミュージシャンと尾崎は明らかに違っていた。十代の集大成となるツアーでありながら、あまりにも自由であった。

「えっ！　尾崎ってリハーサルに来たり来なかったりするんだ?·」

それが第一印象である。樫原は、いわゆる「あとのり」のメンバーであったが、ただし、音楽知識は潤沢であるため、やがて尾崎のアルバムのプロデュースにも名をつらねることとなる。

これまで尾崎豊を語ることがほとんどなかったという樫原は、異様なツアー初日から静かに語り出した。

「満足なリハーサルをできないままどうなるんだろうと思いましたが、ただ、メンバーとの呼吸は完成されていました。どう間を取るかとか、プレイヤーの動きを中心としたフォーメーションはまったく心配することはなかったんです」

それより樫原が驚いたのは、ツアー初日の四日市市文化会館から早くも始まった尾崎のテンションの高さである。うわさには聞いていたが、尾崎は高いところから飛び降りようとしたり、客席に飛び込もうとしたり、ハーモニカを放り投げ、ポカリスエットをぶちまけるなど、やりたい放題であった。

「スピーカーから飛び降りた時は、あ、こいつまたやりやがったなと思いました。飛び降りてケガしたんじゃなかったのって聞きたくなるくらいに」

樫原の目には、尾崎のプレイは「前衛」そのものに映る。

「僕はそれまで『雅夢』などヤマハ所属のアーティストをサポートすることが多かったのですが、おとなしめな彼らとはまったく違うので、とにかく驚きの連続でしたね。パンクバンドなら暴れることはあるだろうけど、彼のフォーク・ロックの曲調でここまでやるとは思わなかった。命がけで音楽を伝える。体のすべてで歌を届けようとするスピリットに、最初のライブからノックアウトされました」
　その驚きは、あっという間に共鳴に変わる。とりわけ、尾崎が本領を発揮するリーディングのようなMCに、樫原は「劇伴（ドラマなどのBGM）」の感覚でピアノを奏でた。尾崎のMCは、ツアーを重ねるごとにメッセージ性を増していく。
　たとえば、このように――、
〈俺は最近こんな風に思っている。若さというのはルールに縛られないということなんだ。そして自分に与えられた全てのルールの中で、いったい何が必要で何が必要でないのか見分ける力を持っているのが若さだと思う。
　間違ったルールというのは人を傷つけることのみに方向が向かっている。正しいルールというのは人を愛するということだ。みんな、俺が作った『ハイスクールRock'n Roll』って曲を知っているかい？ 人を愛したいなら自分の心に向けて叫ぶんだ。それがRock'n Rollだ!!〉
　樫原は尾崎のこうしたMCに、アドリブの形でピアノを当てていく。尾崎のMCは、骨格はあってもその場の即興で進むことが多いので、まるでジャズセッションのようにピアノを合わせてゆく。

ジャズやフュージョンの経験もある樫原が紡ぎ出すブルージーなフレーズを、尾崎はとても気に入っていた。樫原にとっては、信頼に応えつつ、尾崎の「予測のつかない動き」には神経を集中させる必要があった。

たとえば「Ｄｒｉｖｉｎｇ Ａｌｌ Ｎｉｇｈｔ」では、間奏が長く続き、どこで終わらせたらいいのかと尾崎を見つめながら樫原は思う。

「それは、相撲の『立ち合い』にも似た感覚。尾崎の呼吸や肩の動きを見ながら、ここだというところでブレイクするんです」

まさしく「阿吽の呼吸」ということだろう。この時、尾崎は19歳で樫原は22歳。お互いを「オザキ」「ノブ」と呼び合う若さの真っただ中にあった。

終わらない「存在」のリフレイン

樫原が加入したツアー以降の公演会場をチェックしてみた。すると、そこに懐かしい会場を筆者は見かけた。１９８５年11月４日の山梨県立県民文化ホールである。

この年の８月25日には大阪球場まで東京から乗り込んでいったが、ツアー序盤の公開リハーサル的な意味合いを持つ山梨・甲府まで出かけていったことのほうが、より「密航」

という感覚が強い。

さらに言えば、その翌週には代々木オリンピックプールという大会場のチケットも押さえてあったのに、それでも、この地方都市も行っておかなければという胸騒ぎがあった。そして新宿発の特急・あずさ号に乗って甲府をめざす。

たどり着いたホールは、こぢんまりしながらも、温かみのある造りだった印象がある。この日のセットリストに正確な記憶はないが、終盤になって披露された「存在」は会場全体の〈揺らぎ〉を体に刻んだ。

オリコン初登場1位を記録した「回帰線」に収められたB面1曲目の「存在」は、フォーク・ロックを基調としながら、これまでにないポップなセンスを内包し、特にサビの「受け止めよう」のフレーズは、オーディエンスとのコール&レスポンスを明確にする。

筆者にとって、これまでのライブでも何度も耳にした曲だが、とりわけこの日の「存在」は、跳ねているという表現がぴったりだった。どんなアーティストのライブでも、刺さる曲がひとつかふたつあれば成立すると思っているが、この日に関しては「存在」だけであずさ号に乗ってきた甲斐があったと思えた。

そんな感想を樫原に伝えると、まさしく「膝を打つ」という風に身を乗り出す。

「あの曲は〈エクステンデッドタイム（終わりを決めずに延長を重ねる）〉が最も長い形

でしたね。アルバムの原曲は4分31秒ですが、サビの『受け止めよう』のワードだけを何度も繰り返すんです。まさしく、聴衆の気持ちをしっかりと受け止めてリフレインしていました」

樫原にとって、特に印象深いのは１９８７年8月29日・30日に行なわれた東京・有明コロシアムでの「存在」だ。２日間で2万人を動員し、センターステージだったため、客席が４面の３６０度で包囲する。

尾崎にとっては、いつにも増して高いテンションとなった。

「全方位のステージですから、尾崎はひたすら走り回っている。僕らはそれを目で追いながらコーラスをつける。もはやフィジカルを通り越して、アスレチックと呼んでいいステージでしたよ」

筆者が思ったように、バンドメンバーである樫原にとっても、地方の小さな会場でもエキサイティングな瞬間は多かったようだ。

ちなみに「存在」の英題は「Ｅｘｉｓｔｅｎｃｅ」だが、似た語感の「ｅｘｔｅｎｄｅｄ（拡張）」を駆使していることは偶然にすぎない。

売っていなかったレコード

樫原は、尾崎が20歳の誕生日をはさむ「ＬＡＳＴ ＴＥＥＮＡＧＥ ＡＰＰＥＡＲＡＮＣＥ ＴＯＵＲ」からバンドのメンバーになった。ツアーと並行して、打ち上げも欠かすことなく開かれることとなる。

「パブリックイメージと違って、メンバーにもスタッフにも丁寧にお酌をして回る姿に驚きました。自分が座長でありながら、素直に『お世話になっています』という感謝の念がそうさせていたんでしょうね」

酒を飲むのが大好きだった尾崎には、酔ってくると、人気者になってなお口グセのようにつぶやく言葉があった。

「俺の最初のレコードってさあ、どこのレコード店に行ってもまったく売ってなかったんですよ」

あまりにも有名なエピソードだが、１ｓｔアルバム「十七歳の地図」は、初回プレスが２０００枚とも１５００枚とも言われている。ＣＢＳ・ソニーというメジャーレーベルでありながら、はたしてそんな初回プレスがあるのだろうか。あるいは、その少ないプレスから飛躍的にジャンプしたという話題作りではなかったのか……。筆者が長らく抱いていた疑問は、正解だったのか否か――。

ただ、尾崎自身がレコード店を回ってのリアルな感想だから、かなり「実数」に近かったことが証明される。BOØWYやレベッカによって音楽ビジネスが巨大化する前の「1983年の現実」ということになる。

そして樫原は、尾崎のもうひとつの酒グセもたびたび目撃する。

「六本木を歩いていると、酔った尾崎は目つきが悪いから街の不良にからまれるんですよ。しかも、肩で風切って歩くから、チンピラに見えたかもしれない。すぐケンカになって、警察が来るというので一斉に退散して……。それから、よく行っていた西麻布・レッドシューズに着くと『とりあえず、焼きそば！』とオーダーすることが多かったですね」

やがてレコーディングが始まると、集合場所の目黒駅前に尾崎はやって来ない。仕方なく尾崎の自宅まで樫原が起こしに行き、以降も、近くに住んでいたため、たびたび「目覚まし係」となった。

樫原は、1987年8月22日、熊本・アスペクタでの「ビートチャイルド」にも参加している。やはり誰もがこの凄絶なイベントについては語らずにいられないのか、キーボード担当の目線で熱く振り返った。

「ステージに上がる直前に尾崎が『セットリストを全部替える』って言い出したんです。尾崎が登場した翌8月23日午前2時は雨足が最も激しく、夜中ということもあって冷え込みも厳しかった。凍えているお客さんのためにもバラードはなしにして、8ビートのアップテンポなものばかりになりました」

土壇場の曲目変更でも対応できたのは、ほとんどのメンバーが尾崎のデビュー以降を支える盟友だったからにほかならない。

そして変更された全7曲はこうなった。

1. シェリー
2. Driving All Night
3. Bow!
4. 街角の風の中
5. 十七歳の地図
6. Scrambling Rock'n'Roll
7. Freeze Moon

少しでも客席を冷えさせまいとする尾崎の配慮が表れた選曲だ。とはいえ、客席だけでなくステージ上も戦場となり、満足な音も聴こえないまま尾崎は歌い続けた。

「おい大丈夫か」

尾崎のMCもその一言に終始した。同じ日に出演したBOØWYやストリートスライダーズなど「逆立てた髪」がトレードマークのバンドも、無残にも「ぺったんこな髪」になってしまった。

「主催の中心であるマザーの福田社長は『死人が出なかったから良かった』と自慢してたけど、客席もミュージシャンも死の一歩手前だったんじゃないかと思いますね」

そして樫原は、尾崎と四つに組んでのアルバム制作に再び取り組んでゆく。

観念的な詞への違和感

十代のうちに3枚のアルバムを発表した尾崎は、めまぐるしく変化する環境の中で、4作目に取りかかる。

決定的な環境の違いは、オーディションから見守ってくれたCBS・ソニーを離れ、所属事務所が設立したレコード会社「マザー&チルドレン」に移籍したこと。それは198

7年2月10日のことだった。

これは尾崎だけでなく、事務所の先輩のハウンド・ドッグも同様であったが、尾崎が失ったものは大きい。尾崎の才能を見抜いて手塩にかけて育てたソニー専属の須藤晃プロデューサーと共同制作ができなくなったことが。やがて「ひずみ」となる。

新たなプロデューサーには、はっぴいえんどの「風街ろまん」や佐野元春の「SOMEDAY」など傑作アルバムのレコーディング・エンジニアで知られる吉野金次が務めた。

さらに、樫原も「Co.プロデューサー」として参加し、アルバムの半数の編曲も担当。こうして20代になって初のアルバム「街路樹」の制作が始まるのだが、その作業は難産に次ぐ難産であった。

新レコード会社の設立から2カ月後の1987年4月のリリース予定だったが、予定が2カ月延び、さらに3カ月が延びても完成しなかった。尾崎の体調不良によるツアー中断、そして逮捕劇があり、レコーディングに手がつけられないまま時間だけが流れる。

もっと決定的だったのは、尾崎自身の創作意欲や方向性が迷路に入っていったことだと樫原は言う。

「できたばかりの曲を聴かせてもらうと、ニューヨークから帰って来た影響なのか、どうにも哲学的な匂いが色濃くなっているんです。創るのは尾崎自身ではあるけれど、そこは尊重しつつも『これを日本のポピュラーな盤で出すのはしんどくない?』って言ったんですよ。時にはあまりにも抽象的な歌詞に『これじゃ何を書いてるんだかわからないよ!』と声を荒げたこともありました」

この時期からほどなくして、日本の音楽産業に「J－POP」という呼び名が定着する。浜田省吾の傑作アルバム「J.BOY」(1986年)が語源のひとつともされるが、こうした風潮以前に、とても商品化できそうもなく思えた。

樫原はあらためて、いかにソニーの須藤晃プロデューサーが厳しく指導し、手直しを命じてきたのかがわかった。

会心のレコーディング

アルバムの表題曲である「街路樹」を、メインプロデューサーの吉野は、樫原に「せーのでやるフルオーケストラのアレンジを書いてみませんか」と提案した。その場に尾崎もいたが、素直に「お金がかかりますよね」とためらった。

ところが、吉野は福田社長の了解ももらっているという。フルオーケストラに50人、合唱だけで50人という規模は、ミュージシャンフィーだけで300万円になろうかという金額だったが、これを実現させる。

　さらに樫原にとって、音楽家人生としても最上級と呼べるレコーディングが、オープニング曲の「核（ＣＯＲＥ）」だったという。本来は、尾崎が飛び降りて骨折した日比谷野音の「アトミックカフェ」で披露した「反核」の歌詞をアレンジしたもので、樫原によれば、合図のカウントもなく、尾崎が息を吸う音に合わせてピアノを入れ、静かに始まったという。

「六本木のセディックスタジオで録りました。フォー・リズム（ピアノ、ギター、ベース、ドラムからなるリズムの基本体）に、アコースティックギターとパーカッションを加えて、とても息吹を感じさせるトラックになりました」

　こうした珠玉の場面があっても、やはり制作は大幅に遅れた。尾崎自身が事務所への不信感など〈青春の蹉跌〉のような存在となり、また生活態度にしても、樫原が何度となく意見することもあった。

　アルバム「街路樹」の発売は１９８８年9月1日である。前作「壊れた扉から」までハイペースでリリースされていたが、本作に関しては3年近いインターバルとなった。樫原は、このアルバムが完成することはないのではないかと思った。リリースされた時は「あ、出たんだ」という感覚だった。すでに尾崎と会う機会もなくなっていたというのだ。

また尾崎も、不完全燃焼のままアルバムを世に出してしまったという後悔が残った。事務所との軋轢も徐々に表面化し、セールス的にも芳しくなかった。

結果的に尾崎が「マザー&チルドレン」からリリースしたアルバムは本作のみであり、事務所を辞め、浜田省吾の「ロードアンドスカイ」に移籍し、レーベルとしては古巣のCBS・ソニーに戻ることとなる。

始まる前から、そして終わった後も逆風だらけのアルバムであったが、それでも、高い評価をするリスナーも少なくはない。樫原にとっても、今なお尾崎豊のようなアーティストに会ったことはない。

第八章

聖地

尾崎が愛したカレーライス

２０２１年5月22日をもって閉店する——そんなニュースがスポーツ紙やネット媒体を騒がせた。その主は、東京・新大久保で「居酒屋カンちゃん」を営む元プロレスラーのキラー・カーン（引退後はキラー・カン名義）である。昭和を代表する個性派レスラーが切り盛りする名物居酒屋ではあったが、コロナ禍による長引くダメージを跳ね返すことはできなかった。

各メディアとも、その報道に「尾崎豊も愛した」と付記している。正確にはこの場所でのことではないが、店主のキラー・カーンと尾崎は、ジャンルを超えた友情で結ばれていたという。

キラー・カーンこと小沢正志は、１９８９年に新宿区・中井に「スナック　カンちゃん」を開く。そこに、地元の外車ディーラーに連れられ、尾崎がやって来たというのだ。

「常連のディーラーの人に『こっち、尾崎豊さん。ロック界のすごい人なんだよ』と紹介されたけど、俺は知らないんだよ。店でバイトしている女の子たちは騒いでいたけど、俺は日本にあんまりいなかったしな」

日本人でありながら「闘うモンゴリアン」「蒙古の怪人」というギミックで、カーンは海外で有名になった。特に、テレビ朝日アナウンサーの古舘伊知郎が「人間山脈」と称したアンドレ・ザ・ジャイアントの脚を折った1981年5月2日、ニューヨークでの一戦は、カーンを世界のトップヒールに押し上げた。

そんなカーンは1987年11月末にプロレスを引退。アメリカのWWFに参戦している時期であり、引退には世界一の知名度を誇るハルク・ホーガンらが強く慰留したという。それでも、きっぱりと引退したカーンは、1989年にスナックをオープンさせた。

「なぜか尾崎さんがウチの店を気に入ってくれたんだよね。こぢんまりしたスナックだけど、むしろそれが落ち着けたようだ。多い時で月に3回くらいかな、中井駅なんて地縁もなかっただろうけど」

店は当初、スナック菓子くらいしか置いていなかった。ある日、早くにひとりでやって来た尾崎は、若さと生来の食欲旺盛なことから「何かお腹にたまるものない?」と聞いた。

「ウチは居酒屋じゃないからなあ。あ、でも女の子のまかないに作ってるカレーだったら出してあげるよ」

ファンの間でも有名な「尾崎が愛したカレー」と、この瞬間に遭遇する。尾崎が気に入ったことから、いつしか店の正式なメニューとなり、店舗が歌舞伎町、新大久保と変わっても「尾崎が愛したカレー」だけは看板メニューで生き続けた。

「俺はプロレスの前に相撲取りだったから、ちゃんこ鍋は作れる。ただ、洋食の心得はない。それでも、料理を作ること自体は好きだったから、カレーもいろいろ工夫を重ねていったよ」

ベースとなるカレールウは、市販のものを何種類か重ね合わせる。玉ねぎを飴色になるまでよく炒め、ニンジンやジャガイモを入れ、チョコレートやニンニクも合わせる。肉は牛肉ではなく豚肉のほうがうまさを引き出せた。

「いろんなものを試したね。100%の野菜ジュースとか、桃の缶詰とかマンゴーをミキサーにかけたりとか、ヨーグルトを入れてみたりとか。尾崎さんはいつでも『おいしくなってきました』と喜んでくれるんだ」

尾崎は自分だけでなく、マネージャーや、音楽仲間や、母親も連れてくるようになった。カーンは、尾崎の母親が来た日に「鯛のかぶと煮」を振る舞った。魚の身をほぐしてあげている尾崎の姿がほほえましかった。

ふざけたことを言わないで！

カーンの店にはカラオケも置いてあった。ある日、若いサラリーマンが来ていて、尾崎の姿を見つけ、無謀にも尾崎のヒット曲を歌い出した。

尾崎はニコニコと見ていただけでなく、マイクを持った。

「サラリーマンからしたら夢見心地だよな。尾崎さんが一緒に歌ってくれるんだから」

この店で客にサインや記念撮影を求められ、カーンがやんわりと制しても、尾崎自身は気さくに応じていた。ある日、演歌好きなカーンは、尾崎にリクエストしてみた。

「たしか三橋美智也の『別れの一本杉』だったけど、あれ、意外にうまくないなと思ったよ。いや、それは歌手だから普通にうまいことはうまいんだけど、自分の歌に比べたらイマイチだなって思ったよ」

尾崎は店の空気もそうだが、カーンを尊敬して通っていた。尾崎も１７８センチと長身ではあるが、カーンはプロレス界でも大きい部類の１９５センチであり、とても頼もしく見えた。カーンが「尾崎さんはすごいよ」と言うと、すかさず「カーンさんは世界で活躍されたんだから」と立ててくる。

「尾崎さんと親しくなって、俺も『Ｉ ＬＯＶＥ ＹＯＵ』が入っているカセットテープを買いに行ったよ。彼は酒が好きというより、飲んでいる雰囲気が好きだったんだろうな。次の日に仕事がない時なんかは、このまま一緒に飲みましょうよって言うんだ」

尾崎は人気者であったため、どこか別の店に行くことはなく、そのままカーンのお店で夜が明けるまで飲みながら、語らった。やがて、店でバイトしている女の子たちもその輪に加わった。

こうして尾崎は、店がオープンしたのと同時に通うようになり、3年近くを常連として過ごした。ふと、日テレジータスの「徳光和夫のプロレス自慢できる話」で、カーンの後輩である前田日明が言っていた話を思い出した。尾崎が亡くなる前の晩も、この店に来ていたというのだが――、

「いや、それはない。ただ、1週間前には来ていて、いつもと変わらない様子だったよ」

突然の訃報は、尾崎を紹介した外車ディーラーからの電話で知った。

「俺、その人に言ったんだよ。ふざけたことを言ったら怒りますよって。だって、先週に見た時はあんなに元気だったのにって思ってね」

だが訃報は事実だった。カーンは悲しみをこらえ、店主として変わらずに客を迎え入れた。店舗の場所や業種は変わっても、2人で撮った記念写真と、名物メニューのカレーライスは不変であり続けた。

それでも、深刻なコロナ禍は、ファンにとっても〈聖地〉をまたひとつ奪い去る。閉店まで2週間と迫った5月8日、別れを惜しむプロレスファンや尾崎ファン、さらに地元の

常連で店はごった返していた。そんな光景を、壁に飾られた尾崎の写真が静かに見つめていた。

そこに「尾崎ハウス」があった

かつて「尾崎ハウス」と呼ばれるファンにとっての名所があった。東京・足立区の住宅の一角のことである。

近年では「聖地」という表現は、アニメやドラマファンが「ゆかりの地を訪ねる」ことで一般的になったが、その先駆けとなった場所である。さらに「聖地巡礼」と称して、尾崎が好きだった渋谷クロスタワーにある「尾崎豊記念碑」などと合わせて、順繰りに巡る場所のひとつにもなった。

２００８年まで、家主の小峰忠雄は押し寄せるファンのために、いつでも一階の６畳間を開放していた。本来が人好きな性格のため、話しかけてくるファンをついつい上げてしまううち、名所になっていったのだ。

やがて、家主に関係なくファン同士が語らい、置かれたノートに想いを綴っていく光景は、たびたびテレビでも報道されることとなる。約20年で訪れたファンは数万人、ノートは70冊にもなった。ここで知り合って、のちに結婚したファンもいたという。

筆者は2011年3月下旬にこの場所を訪れた。東日本大震災の直後に、東京の一部地域では「計画停電」というよくわからないシステムが一時的に施行されたが、そのせいもあってか、やけにひっそりとした印象であった。いや、計画停電だけでなく、原発事故による恐怖心が東京全体を覆っていた。

訪れた当時は、ファンへの開放を尾崎の命日（4月25日）と誕生日（11月29日）に絞ったが、それでも多くの花束が寄せられる。

「一周忌の日（1993年）なんて、花が800束は置かれたんじゃないかな。正確には、ここで亡くなったんじゃないんだけどな」

1992年4月25日午前1時半頃、尾崎は近くの交番で、乗ったタクシーの運転手と口論になったことが確認されている。運転手が尾崎を交番まで連れてきたのである。その原因は、尾崎がかなりの泥酔状態であったことにつきる。

やがて、フラフラと歩いて小峰家の庭先にたどり着いたのが3時半頃だ。

尾崎は上半身が裸のまま、奇声を発しながら空手の型を繰り返す。幼い日から父親に教わったのが空手だった。その動きに庭先の石油缶が大きな音を立て、何事かと思った小峰の妻が様子を見に来た。

幸い、泥棒などではなく、ただの酔っ払いだとわかった。

「あんた、若いんだからそんなカッコしてないで早く帰んなさいよ」

そう声をかけて、5分後にまたのぞきに行くと、尾崎は庭先にうずくまっている。すぐに救急車を呼び、念のためにと通報して警官も駆けつけた。

その時間に市場の仕事を終えた小峰が帰宅すると、救急車が到着したことで、てっきり同居する高齢の母親が倒れたのかと思った。

「尾崎が自分の事務所の社長としての名刺を持っていたんだよ。それを警官に見せられて、有名な歌手だけど知ってるかって。俺はあんまり若い歌は聴かないから全然、名前も知らなかったよ。それと財布に大金が入っていたから、不審に思って警官をもうひとり呼んできてたんだ」

小峰も救急車に同乗し、墨田区の病院へ向かった。車内で見た尾崎の顔は、目の周りがどす黒く変色していた。

のちに写真誌に公開されて話題となった顔だが、小峰は現場で見ていただけに、写真が出るのはやりきれなかった。

さて、当時の尾崎は不穏な日々が続いている。前年1991年の3月に斉藤由貴との不倫が発覚。10月には関係を解消し、同月に行った代々木体育館でのコンサートは「生涯最高のライブ」と自賛している。

ただ、それはそのまま「生涯最後のライブ」になってしまう。さらに、暮れも迫った12月29日には、最愛の母が急死した。

再び小峰が、思いがけない騒動の続きを語る。

「結局、自宅に帰って容体が急変し、日本医科大付属病院で死亡が確認されたんだよな。ウチにも鑑識や麻薬捜査員など、全部で10人以上が現場検証していったよ。あと、ＮＨＫのカメラがすぐに飛んできたのも覚えている」

４月も終わりとはいえ、とても寒い日だったという小峰の記憶だ。あれから20年目を迎え、ファンに愛された「尾崎ハウス」も２０１２年には消滅と報じられた。

東日本大震災にも支障のなかった頑丈な造りだが、築65年と老朽化が進んでいるため、家ごと改築するのだという。

「でも足立区からは、もし残すなら援助はすると言われているんだ。それだけ、ここが名物だった証明なんだな」

間もなく、また多くの花束で埋めつくされる日が近づいてくる――。と取材当時は思ったが、実際は筆者が訪れてから半年後、予定を早めて２０１１年10月に取り壊しの工事が始まった。

尾崎の名前すらも知らなかった小峰は、妻とともにいつしか尾崎の歌を覚えて、訪れるファンたちと一緒に歌うまでになった。ただ、年齢のことも考え、小峰の息子たちから「このままいくと一生つき合わないといけなくなるよ」と言われた。

これで小峰は家の解体を決心する。取り壊しの日にも、多数のファンが別れを惜しむように集まっていた。

翌2012年4月、どこでどう調べたのか、筆者のもとに1通のメールが届いた。宛名には「OZAKI HOUSEプロジェクト」と書いてあった。尾崎の20年目の命日に、尾崎ハウスの建築材を使用した再現ブースや、尾崎ノートなどを公開したメモリアル展を開くのだという。

尾崎ハウスとは、その場所自体がファンを惹きつける「磁場」となっていたことがよくわかる。

父の歌を祖父に披露する孫

尾崎豊の一粒種である尾崎裕哉は、20歳になった2010年、CMソングとして父の名曲「I LOVE YOU」を歌い、よく似た歌声と顔立ちが話題になった。父が亡くなった日には2歳9カ月——ほとんど記憶に残っていない年齢だ。

やがて裕哉は、父がどんなアーティストであったのか探す旅を始める。2011年のことである。

自身がDJを務める「CONCERNED GENERATION」（InterFM）では、4月の放送に父ゆかりのゲストを週替わりで招き、その音楽性に迫るというものであった。父・尾崎豊の生涯を描いたドラマ「風の少年」（2011年、テレビ東京）で尾崎豊役を演じた俳優・成宮寛貴は、裕哉にこう告げている。

「共感するのは、一生懸命、何事においても全身全霊で生きた点」

レコードや映像を通じてしか知らない父の勇姿は、語り継ぐ人々によって、くっきり浮かび上がっていたようだ。

そんな裕哉が祖父・健一のもとを訪ねたのは、2009年のことである。ギターを担いで、尾崎が青春時代を過ごした埼玉・朝霞の実家に立ち寄った。

「僕は今19歳ですけど、父の『十七歳の地図』を歌います」

そう言うと父の仏壇の前で、祖父に弾き語りを披露した。聴き終えた祖父は、孫に向かって言った。

「ずいぶん、うまいなあ。だけど、やっぱり親子だね。ものまねになっちゃうんじゃないのか？」

少しだけからかってみると、幼い孫はきっぱりと言い放つ。

「いや、僕は5歳からアメリカにいましたから、ちゃんと自分のオリジナルもあるんです」

その強烈な自我は父親にそっくりであった。

自宅2階のオープンライブ

筆者が埼玉・朝霞の自宅に尾崎健一を訪ねたのは、2011年4月上旬のことだった。住所だけを頼りに、アポイントも取らず行ってみることにした。基地の街らしく、軍用機が時折うなるような音を立てるが、それをBGMに、家の近くで待ってみた。

1時間、2時間ほど経っただろうか。春とはいえ陽が落ちると寒さが襲ってきて、また大きくはないが震災後の余震も何度となく地面を揺らす。

もう帰ろうかと思った矢先、自転車に乗って健一は帰って来た。筆者が来訪の理由を告げると、にこやかな笑顔で招き入れてくれた。当時84歳であったが、ピンと伸びた背中と朗々とした口調は年齢よりも若く感じられた。

手ずから淹れてくれたコーヒーが冷えきった体に沁みわたり、この朝霞という街について聞いた。尾崎が歌った「米軍キャンプ」のように、戦後すぐにアメリカ陸軍に接収された街であったが、現在のように陸上自衛隊・朝霞駐屯地が開設されたのは、尾崎が生まれる5年前、1960年のことであったという。

父・健一は防衛庁（現・防衛省）に入庁後、練馬駐屯地を経て、朝霞駐屯地に勤務する。この地へ越してきたのは1976年8月で、豊が小学5年生のことだった。

祖父はふと、息子の豊が孫の裕哉と同じ19歳だった日のことを思い返した。この家で、同じようにギターを弾いていた日を――、

「デビューして少し有名になって、ファンの女の子たちが家を訪ねてきたんですよ。豊はまだここに住んでいたんですが、2階の窓を開けて、家の前の原っぱにいる女の子たちに『お前ら、ここで歌うから聴いてろ』って叫んで、何曲か歌いましたよ」

思いがけない〈野外ライブ〉だったのだ。父・健一は、いつの間にか豊に、これだけのファンがついたのかと思った。いや、そもそもプロになれたこと自体が驚きだった。

「高校3年の時に無期停学になって、どうやら留年になるというので豊のプライドが許さなかったんでしょう。3学期になって学校を辞めると言い出した。母親は『私を殺してから行きなさい！』って言うし、私も、せっかく青山学院に行ったんだから、考え直さない

かって言ったんですよ」

豊の答えは「大検を受けるから大丈夫」だった。その言葉に父は安心したものの、結局はプロの歌手になったことで、大学に行く気配はなかった。

健一は退学届を出しに行く息子に付き添った。もしかしたら、教師を殴るんじゃないかという「15の夜」や「卒業」の詞の世界のような懸念があった。

「校門の前まで一緒に行って、しばらくしたら、何事もないかのような顔で出てきたから安心しましたが」

尾崎は晴れて、自由の身を手にした。

父が感心した写実主義の「シェリー」

本来、青山学院高校の卒業式だった1984年3月15日、あえてこの日に尾崎は、新宿ルイードでのデビューライブを敢行している。当日は風邪で高熱があったが、何としても延期は避けたいと、注射を何本も打って強行している。そして父と母は、正確な日時は不明だが、デビュー間もない頃に尾崎に招かれ、会場に足を運んでいる。

「まず、それまで素人の高校生だった豊に、お客さんが来るんだろうかと思ったんですよ。

ところが、楽屋に『尾崎コール』が聞こえてくるんですね。豊は出番の直前まですごく緊張していて、鏡に向かって何度も髪を直していた。それが、いざステージに上がると、緊張がパッとなくなっていたから、歌手としての適性があったんでしょう」

父は豊に、いくつもの手ほどきをしている。空手の型を教えたのもそうだし、短歌の心得を教えたこともある。たとえば空手はステージアクションに、短歌は描く詞の一部に表れたと言う。

「豊には空手を教えても『ケンカには使うなよ』と念を押しました。ただし『やるんだったら負けるなよ』って。それと私の短歌は斎藤茂吉の流れをくむもので、写実主義の色合いが濃い。豊には小さな頃から、その意味を教えてきました」

斎藤茂吉は、正岡子規の流れをくむ「アララギ派」の歌人で、リアリズムに満ちた近代写実主義を標榜する。著述家の顔も持つ健一は、歌人の目で息子の歌を聴く。健一は尾崎の歌では「十七歳の地図」や「I LOVE YOU」が好きだが、ハッとしたのは「シェリー」を聴いた時だ。

俺は「馬鹿」なのか、俺は「恨まれて」いるのか――。

日本のロック史に残る生々しい表現だが、健一はこれこそ「写実主義」だと思った。包み隠さず、本当のことを歌詞にしていると思った。

やがて尾崎は、日本中に大ブームを巻き起こし「十代の教祖」に君臨する。そして1986年、一切の活動を休止して約1年をニューヨークで過ごすのだが、このあたりから歯車が狂ったと父は思った。

その結果、尾崎は1987年12月22日、覚せい剤取締法違反で逮捕される。通報したのは父の健一である。

「豊は幻覚を見ているような感じで、変なことを口走ったりしていました。これは明らかに薬物の中毒だろう……生半可なことでは直せないと思った」

たまたま尾崎の母親の友人が警察官の妻だった。健一は、その警察官に息子の薬禍を通報し、逮捕してくれるよう懇願した。わが子を通報することは恥ではあるが、長らく自衛隊に従事した身として、清廉でありたかった。

尾崎が逮捕されたのは、新宿区・戸塚警察署である。そのニュースを聞いて、筆者はなぜ、ここなのかと不思議に思った。

筆者は20代前半、この戸塚署のすぐ真裏のワンルームマンションに住んでいた。尾崎の新宿ルイードも大阪球場も日本青年館も、この場所から観に行った。尾崎のビデオイベントも、ここに住んでいる時に企画した。それゆえに、尾崎の居住地や仕事場と何ら関係ないはずだと思ったが、健一が言った「母親の友人が警察官の妻」を聞いて、すべての謎が解けた気がした。

逮捕された尾崎は、60日間を拘置所で過ごす。出所した尾崎は、父に向かって照れくさそうに言った。

「オヤジが通報してくれて良かったよ。俺は恨んでないよ」

安堵すると同時に、事情を調べていくうち、激しい怒りもまた湧き上がった。ただ、健一も故人になった今、その怒りについては割愛させていただく。

玄関に刻んだ「誠実」の歌詞

1991年12月29日、最愛の母であり、尾崎の個人事務所で経理担当として支えていた絹枝が急死する。朝霞の駅前で倒れると、そのまま帰らぬ人となったと健一は言う。

「豊は母親には甘えっ子だったから、それはショックは大きかった。母親もまた豊には目をかけていた。豊には兄貴がいるが、長男はしっかり者だから心配いらない。だけど豊には、ハラハラさせられっぱなしだと笑っていました」

唯一、尾崎が母親をハラハラさせなかったのは、その4カ月後に後を追うように亡くなる姿を見せずに済んだこと。1992年4月25日、足立区の民家の庭先で泥酔したまま裸になり、空手のような動きを続けていた。かつて父に教わり、二段の免状（没後に名誉五段）を取った空手である。

倒れた尾崎は救急車で搬送されたものの、いったん自宅に帰ったあと、急変して呼吸停止した。

尾崎健一はあらためて、息子の死を振り返った。

「自殺とか他殺とか憶測も飛んだけど、そういったことのどちらでもないでしょう。豊はアメリカに行ったあたりからボロボロになって、そうしたものが体に澱んでいって、まあ、そういう無理がたたって衰弱していった形でしょうね」

一時は、あまりにあっけなく打ち切られた捜査に対し、豊の兄・康とともに嘆願書を集めて再捜査を働きかけたりもした。だが歳月は、そうした〝わだかまり〟も流していくことになる。

「やっぱり、もう死んでしまっているわけですから。そうそう、尾崎の嫁の繁美さんに『まだ若いから、いい人いたら再婚したらどうだ?』って言ったことがある。でも彼女は『裕哉が大きくなって、だんだんと豊さんに似てくるから再婚はしません』って言ってたね。それだけ豊は惚れられていたのかと思うと、誇らしくなりましたよ」

その当時、孫の裕哉は慶應大学の4年生で、卒業したら父と同じくアーティストの道を歩むのだろうかと期待していた。

さて、尾崎が過ごした実家の玄関先には、コンクリートが固まらないうちに尾崎が刻んだ洋楽の詞がある。ビリー・ジョエルの「オネスティ（Ｈｏｎｅｓｔｙ）」で、日本でヒットしたのは１９７９年のことだ。

〈誠実さ、それを行なうことはとても困難だけど……。でも人はそれを求めているのだから〉

要約すればこんなメッセージだ。尾崎は生涯、まさしく「愛すべきものすべて」に対し、困難なことと知りながら、誠実と現実の狭間でもがいてきた。

己の肉体を刻むように創ってきた歌は、今も風化することなく、みずみずしいままに世代を超えて受け入れられている。

終わらない尾崎現象

２０１２年、没後20年に合わせて開催された「尾崎豊特別展　ＯＺＡＫＩ20」の特集記事で、筆者は須藤晃プロデューサーに「月刊エンタメ」誌でインタビューの機会を得た。日本の音楽史上、唯一無二である尾崎豊そのものについてだ。

以下、再録してみたい。

「尾崎豊は18歳でデビューしてから26歳で亡くなるまで約9年、海外に行った期間などを除くと実質は4年の活動で、生涯に71曲を世に残しています。尾崎がいなくなってから20年が経ちましたが、今なお十代のファンが増えている。彼らはＹｏｕＴｕｂｅなどで尾崎を知り、もっと大きな画面で尾崎を観てみたい。そんな要望に、初公開となる映像を今回、初めて劇場で見せる形になったんです。

さて、では死後20年（取材当時）経っても、なぜ尾崎の歌は支持されるのか？　彼が26歳の若さで亡くなった悲劇性もあるでしょう。でも、それ以上に彼の歌は『人間の生き方』に対してしか歌わなかったし、そこが哲学的であった。すべての歌が『誠実に生きるとは、どういう生き方なんだろう』と投げかけている。

彼がデビューしてすぐにバブル景気がありましたが、浮かれている世の中に対しても、彼だけは警告を発しています。加えて彼には、ティーンエイジャーをテーマにした歌が多いから、十代の若者たちが今も惹きつけられるのは必然と言えます。

もうひとつ、彼のステージは本当に何が起こるかわからない。終わって袖に引っ込むと、いつも倒れ込んで酸素吸入が必要なくらい全身全霊を込めていた。そんな尾崎豊のステージを、今の現役アーティストのファンの人たちがどう見るか、おおいに興味がありますね」

1992年4月30日、護国寺で葬儀が行われた。この日の東京は、まさしく「涙雨」が冷たく降り続いていたが、それでも4万人以上もの人々が参列した。

長蛇の列となって前に進めない状態ではあったが、誰ひとりとして不満を漏らすことなく、黙々と「尾崎豊を失った悲しみ」に耐えていた。そして戦後の日本では、吉田茂、美空ひばりに次ぐ参列者の数となり、人気のほどをまざまざと見せつけた。

葬儀から10日後、5月10日に最新の、そしてラストとなるアルバム「放熱への証」が発売されると、初回出荷分が即日完売し、あっという間にミリオンセラーを達成する。もちろん、旧譜も軒並みチャートを駆け上がった。凄まじいまでの事態となったのは、5月25日付けのオリコンアルバムランキングである。

1位「放熱への証」（1992年）
4位「回帰線」（1985年）
5位「十七歳の地図」（1983年）
6位「LAST TEENAGE APPEARANCE」（1987年）
7位「壊れた扉から」（1985年）

9位　「誕生」（1990年）

さらに14位には「街路樹」（1988年）も入っていた。ランキングの上位10作のうち6作を占めるというのは、今後も二度と破られない大記録であろう。

かつて、尾崎の「15の夜」や「卒業」の直截的な歌詞は、教育の現場から敬遠された。歌詞によって攻撃される側の学校・教師からすれば、避けるのは致し方ないことだ。

ところが2002年、事態は一転する。問題だった「15の夜」の歌詞が、「高等学校新倫理―人間とは何か　思索の糧に―」（清水書院）の教科書に顔写真とともに掲載される。2005年にも同作は「新課程用　倫理用語集」（山川出版社）の教科書に掲載されたのだ。

尾崎豊が全身全霊をかけて訴えてきたことは、いつしか「信じられぬ大人」をも氷解させたことになる――。

尾崎豊が生きていたならば

最後に父・健一にもう一度聞いてみた。もし尾崎豊が今、45歳（取材当時）として生きていたら、どんな姿になっていただろうか。

「ボロボロな姿ということは、裕哉という子供もいるし、さすがになかったんじゃないでしょうか。おそらく、少しは分別のある大人になっていたかなと思う。ただ、それが『尾崎豊』としての面白味を少なくしていたかもしれませんが」

尾崎健一は2018年11月28日、91年の人生を終えた。亡くなったのは尾崎の誕生日の1日前である。尾崎の兄である長男・康が女性週刊誌の取材に語ったところによれば、誰も住んでいない実家は「いずれは処分することになる」であった。

命日などにはファンが訪れては仏壇に線香をあげていた。ここもまた、失われる「聖地」ということになる。


尾崎豊が生きていた26年という年月よりも、すでに没してからのほうが長くなった。地下鉄サリン事件も、阪神・淡路大震災も東日本大震災も、そして未曾有のコロナ禍も自身が体感することはなかったが、尾崎の歌は今も、多くの街や人々に「生きる意味」を問いかけている――。

尾崎豊
DATA
FILE

尾崎豊　年譜

１９６５（昭和40年）

11月29日、東京・世田谷区の自衛隊中央病院にて、尾崎家の次男として生まれる。当時の住まいは練馬区。

１９７６（昭和51年）

8月、埼玉・朝霞市に転居。父・健一が防衛庁職員だったので、朝霞駐屯地の近くに移ったという。

１９７８（昭和53年）

4月、本人の希望により練馬東中学へ越境入学。文化祭では、さだまさしの「雨やどり」を弾き語りで歌った。また生徒会書記を務めながら、一方で喫煙による停学処分も受ける。

１９８１（昭和56年）

4月、青山学院高等部に入学。同年12月、「NOA」というアマチュアバンドを率い、新宿ルイードで初ライブ開催。

1982（昭和57年）

10月11日、CBS・ソニーのオーディションを受け、のちにレコード化される「ダンスホール」などを歌い、合格。16歳でデビューの道のりをつかむ。

1983（昭和58年）

6月4日、喫煙で停学処分を受け、その夜にクラスコンパで酒を飲み、さらには大学生のグループとパトカーが出動するほどの大ゲンカをやらかし、無期停学処分に。10月になっても復学許可が下りず、出席日数不足から留年が決定的となり、退学して音楽の道を選ぶ。12月1日、シングル「15の夜」とアルバム「十七歳の地図」でデビュー。ただし、初アルバムは当初、3000枚に満たない売り上げ。

1984（昭和59年）

3月15日、中退した高校の卒業式と同じ日に、新宿ルイードにてデビューライブ開催。当日は風邪で高熱だったが、注射を何本も打って強行した。

8月4日、日比谷野音の「アトミックカフェ」にて、照明台から飛び降りて左足を骨折し、以降のスケジュールが白紙になる。

12月3日、初のコンサートツアーにて復帰。ただし、岡山公演では歌の途中でステージを降り、中止にしてしまう不安定さもあった。

1985（昭和60年）

1月12日、東京では初のホールコンサートである日本青年館の公演。音楽マスコミや各地のイベンターが大挙して押し寄せる事態に。直後の1月21日に発売されたシングル「卒業」が、チャート20位に初ランク。

3月21日、2枚目のアルバム「回帰線」が初登場1位の大ヒット。

8月25日、大阪球場に2万6000人を集める初の野外イベント。

11月14～15日、代々木オリンピックプールに2日間で3万人を集める公演。

11月28日、十代で早くも3枚目となるアルバム「壊れた扉から」発売。

1986（昭和61年）

1月1日、福岡国際センターのライブを最後に、活動を無期限休止して5月にニューヨークへ渡る。

12月23日、米国から帰国。

1987（昭和62年）

2月、所属事務所が立ち上げたレコード会社「MOTHER&CHILDREN」に移籍。

8月、広島や熊本の野外ライブイベントに参加する。複数のアーティストとの共演はデビュー年以来のこと。

9月、ツアー中に急病となり、以降のスケジュールを中断。

10月、初のライブアルバム「LAST TEENAGE APPEARANCE」発売。

12月22日、覚せい剤取締法違反で逮捕、東京拘置所で60日間を過ごす。

1988（昭和63年）

2月22日、拘置所から釈放される。

5月12日、繁美夫人と入籍。

6月21日、シングル「太陽の破片」をリリースし、翌日には生涯唯一のテレビ「夜のヒットスタジオ」出演。

9月1日、4枚目のアルバム「街路樹」発売。

9月12日、初の東京ドーム公演に5万6000人を集める。

1989（平成元年）

7月24日、長男の裕哉誕生。

1990（平成2年）

3月、浜田省吾が在籍する「ROAD&SKY」に移籍。レコード会社も古巣のCBS・ソニーに復帰。

11月15日、5枚目のアルバム「誕生」発売、2枚組のボリュームだった。

12月19日、独立して自身が代表となる「アイソトープ」設立。

1991（平成3年）

3月、シングル「I LOVE YOU」がJR東海のCM曲で話題に。

5月、横浜アリーナの3日間公演からツアーがスタート。

10月29日、代々木競技場第一体育館で「生涯最高のライブ」と尾崎が自画自賛する出来栄えに。結果的にはこれが最後のライブになった。

12月29日、最愛の母が急死。

１９９２（平成４年）

3月30日、ライブビデオ「ＴＯＵＲ１９９１　ＢＩＲＴＨ」発売。

4月25日、足立区の民家で倒れていたところを救急車で搬送され、いったん帰宅するが容体が急変し、日本医科大学付属病院へ運ばれたが午後12時6分に「肺水腫」で死亡。

4月30日、文京区・護国寺で行われた葬儀に4万人近くが詰め掛ける。

5月10日、6枚目のアルバム「放熱への証」が発売され、１００万枚を超える売り上げ。同時に過去のアルバムも一斉にランクインし、その人気は再び社会現象となった。

１９９４（平成６年）

1月21日、フジテレビのドラマ主題歌に「ＯＨ ＭＹ ＬＩＴＴＬＥ ＧＩＲＬ」が使われ、シングルでは初の１００万枚突破。

シングルス

1st　1983年12月1日　15の夜
2nd　1984年3月21日　十七歳の地図
3rd　1984年8月25日　はじまりさえ歌えない
4th　1985年1月21日　卒業
5th　1985年10月21日　DRIVING ALL NIGHT
6th　1987年10月1日　核
7th　1988年6月22日　太陽の破片
8th　1990年10月21日　LOVE WAY
9th　1990年12月1日　黄昏ゆく街で
10th　1991年1月21日　永遠の胸
11th　1991年3月21日　I LOVE YOU
12th　1992年5月10日　汚れた絆
13th　1993年4月25日　15の夜（ライブ）

14th　1994年1月21日　OH MY LITTLE GIRL
15th　1996年4月25日　もうおまえしか見えない
16th　1999年2月24日　風にうたえば
17th　2001年4月25日　FORGET-ME-NOT／OH MY LITTLE GIRL

オリジナルアルバム

1st　1983年12月1日　十七歳の地図
2nd　1985年3月21日　回帰線
3rd　1985年11月28日　壊れた扉から
4th　1988年9月1日　街路樹
5th　1990年11月15日　誕生
6th　1992年5月10日　放熱への証

尾崎豊　全ライブ

1984（昭和59年）

LIVE HOUSE APPEARANCE

2月12日　千葉マザース（※アマチュアバンドの前座）
2月14日　藤沢BOW（※アマチュアバンドの前座）
3月15日　新宿ルイード（正式なデビューライブ）
5月8日　新宿ルイード
5月9日　新宿ルイード
5月10日　京都ビブレ

六大都市ライブハウス・ツアー

6月15日　札幌ペニーレイン
6月17日　仙台モーニングムーン

6月23日 名古屋ハートランドスタジオ
6月25日 大阪バナナホール
6月26日 広島ウッディストリート
6月28日 福岡ビブレホール

7月1日 日比谷野外大音楽堂（※白井貴子の前座）
7月15日 後楽園アイススケート場（※映画「フットルース」の試写前座）
7月16日 千葉県文化会館
7月20日 横浜市教育会館
7月21日 浦和市民会館

アトミック・カフェ・ミュージック・フェスティバル'84
8月4日 日比谷野外大音楽堂

FIRST LIVE CONCERT TOUR
12月3日 秋田市文化会館

12月4日　新庄市民文化会館
12月5日　仙台市民会館
12月10日　島根県民会館
12月11日　岡山市民文化ホール
12月13日　山口市民会館
12月15日　福岡都久志会館
12月20日　広島見真講堂
12月21日　大阪厚生年金会館
12月25日　石川県教育会館
12月28日　新潟市公会堂（※前日の振替公演）

1985年（昭和60年）
1月7日　高松オリーブホール
1月8日　松山市民会館
1月10日　高知県民会館グリーンホール

1月12日 日本青年館
1月18日 浜松福祉文化会館
1月22日 宇都宮文化会館
1月23日 群馬県民会館
1月28日 京都会館
2月5日 名古屋市芸術創造センター
2月7日 札幌市教育文化会館

TROPIC OF GRADUATION TOUR

5月6日 立川市民会館
5月7日 千葉市民会館
5月8日 神奈川県青少年センター
5月12日 大宮市民会館
5月14日 水戸市民会館
5月15日 桐生産業文化会館
5月19日 沖縄県労働福祉会館

5月28日　静岡市民文化会館
6月4日　富山県民会館
6月5日　福井文化会館
6月7日　新潟県民会館
6月10日　島根県民会館
6月11日　岡山市民会館
6月18日　広島郵便貯金会館
6月20日　神戸文化会館
6月21日　和歌山市民会館
6月22日　京都勤労会館
6月24日　松山市民会館
6月25日　高知県民会館グリーンホール
6月27日　福山市民会館
6月28日　山口市民会館
7月5日　名古屋勤労会館
7月8日　旭川市民会館

7月9日　札幌道新ホール
7月14日　鹿児島市民会館
7月16日　熊本県立演劇会館演劇ホール
7月17日　長崎市民会館
7月18日　福岡郵便貯金会館
7月29日　金沢観光会館
7月30日　長崎県民文化ホール
8月8日　小田原市民会館
8月12日　福島公会堂
8月13日　岩手教育会館
8月15日　秋田市文化会館
8月16日　青森市民文化ホール
8月17日　弘前市民会館
8月20日　仙台電力ホール
8月22日　前橋市民文化ホール
8月23日　栃木会館

8月25日 大阪球場

LAST TEENAGE APPEARANCE TOUR

11月1日 四日市市民文化会館
11月4日 山梨県民文化ホール
11月5日 浜松市民会館
11月7日 豊橋勤労福祉会館
11月8日 岐阜市民文化会館
11月14日 代々木オリンピックプール第一体育館
11月15日 代々木オリンピックプール第一体育館
11月18日 三次市文化会館
11月19日 徳山市民文化会館
11月21日 鳥取市民会館
11月22日 豊岡市民会館
11月26日 帯広市民会館
11月27日 釧路市民文化会館

11月29日 室蘭文化センター
12月5日 奈良県民文化会館
12月7日 舞鶴総合文化会館
12月9日 大分文化会館
12月11日 久留米市民会館
12月12日 小倉市民会館
12月15日 平市民会館
12月17日 山形県民会館
12月18日 新庄市民会館
12月19日 郡山市民文化センター
12月24日 松本社会文化会館
12月26日 新潟県民会館
12月27日 長岡市立劇場

1986（昭和61年）

1月1日 福岡国際センター

1987（昭和62年）

TREES LINING A STREET TOUR

7月1日 茨城県民文化センター
7月2日 宇都宮市文化会館
7月4日 群馬県民会館
7月8日 横須賀市文化会館
7月15日 静岡市民文化会館
7月16日 沼津市文化センター
7月20日 島根県民会館
7月21日 広島郵便貯金会館
7月23日 倉敷市民会館
7月24日 徳山市民会館
7月26日 松山市民会館

8月3日 大阪球場
8月14日 伊勢崎市民文化会館
8月17日 浜松市民会館
8月19日 日立市民会館
8月29日 有明コロシアム
8月30日 有明コロシアム
9月6日 那覇市民会館
9月10日 神戸国際会館
9月11日 和歌山県民文化会館
9月13日 守山市民ホール
9月15日 舞鶴市総合文化会館
9月16日 豊岡勤労会館
9月21日 岐阜市民会館
9月22日 四日市市文化会館
9月24日 豊橋勤労福祉会館

広島平和コンサート「ALIVE HIROSHIMA '87」
8月5日、6日　広島サンプラザホール

熊本「BEAT CHILD」
8月22〜23日 アスペクタ

1988（昭和62年）

LIVE CORE
9月12日 東京ドーム

1991（平成3年）

TOUR 1991 BIRTH
5月20日 横浜アリーナ
5月21日 横浜アリーナ

5月22日 横浜アリーナ
6月1日 大阪厚生年金会館
6月2日 大阪厚生年金会館
6月3日 大阪厚生年金会館
6月8日 佐賀市文化会館
6月10日 宮崎市民会館
6月11日 鹿児島市民文化ホール第1ホール
6月13日 大分文化会館
6月14日 九州厚生年金会館
6月22日 香川県県民ホール
6月23日 愛媛県県民文化会館
6月25日 倉敷市民会館
6月26日 徳山市文化会館
6月29日 名古屋国際会議場センチュリーホール
6月30日 名古屋国際会議場センチュリーホール
7月2日 静岡市民文化会館

7月3日 静岡市民文化会館
7月12日 長崎市公会堂
7月13日 熊本市民会館
7月15日 福岡サンパレス
7月16日 福岡サンパレス
7月17日 福岡サンパレス
7月23日 青森市文化会館
7月24日 秋田県民会館
8月4日 群馬県民会館
8月6日 宇都宮市文化会館
8月11日 京都会館第一ホール
8月12日 京都会館第一ホール
8月14日 岡山市民会館
8月15日 メルパルクホール広島
8月16日 メルパルクホール広島
8月19日 島根県民会館

8月22日 北海道厚生年金会館
8月23日 北海道厚生年金会館
8月27日 郡山市民文化センター
8月29日 岩手県民会館
8月30日 宮城県民会館
8月31日 宮城県民会館
9月2日 山形県民会館
9月5日 神戸文化ホール
9月6日 神戸文化ホール
9月20日 茨城県立県民文化センター
9月24日 新潟県民会館
9月25日 新潟県民会館
9月27日 石川厚生年金会館
9月28日 長野市民会館

TOUR 1991 BIRTH ARENA TOUR 約束の日 THE DAY

10月2日 大阪城ホール
10月3日 大阪城ホール
10月13日 名古屋レインボーホール
10月14日 名古屋レインボーホール
10月24日 代々木オリンピックプール第一体育館
10月25日 代々木オリンピックプール第一体育館
10月29日 代々木オリンピックプール第一体育館
10月30日 代々木オリンピックプール第一体育館

1992（平成4年）

TOUR 1992〝放熱への証〟 Confession for Exist

※尾崎豊死去によりすべて中止
6月11日 大阪城ホール
6月16日 日本武道館

6月17日　日本武道館
6月19日　名古屋国際会議場センチュリーホール
6月20日　名古屋国際会議場センチュリーホール
6月24日　福岡サンパレス
6月25日　福岡サンパレス
6月27日　鹿児島市民文化ホール
6月29日　徳島市文化センター
6月30日　香川県県民ホール
7月2日　高知県民文化ホール
7月3日　松山市民会館
7月5日　徳山市文化会館
7月6日　倉敷市民会館
7月19日　熊本市民会館
7月20日　佐賀市文化会館

あとがき

平成元年から、若いお笑い芸人たちと場を持つようになった。今は渋谷の「ロフト9」という会場で年に4回ほど開催するが、渋谷駅から109を抜けて、会場入りまで5分弱を歩くところで、決まってウォークマンで流すのは尾崎豊の「僕が僕であるために」だ。何年も続くルーティンは、いよいよ本番が始まる前の緊張の時間に、いつも新鮮な気持ちで立ち向かおうとする自分自身の〈MY SONG〉にほかならない――。

今なお、街のあちこちで尾崎豊の歌は聴こえてくる。聴こえてくるというよりも、彼が生きているかのように「感じている」といったほうが誤解はないだろう。メモリアルイヤーでもないのに、尾崎の歌や生き様を特集した番組は、定期的なコンテンツとして組まれ、そのたびに大きな反響を得る。

気がつけば26年の短い生涯よりも、亡くなってから29年という時間のほうが長くなった。当時を知る世代にとっては、テレビ露出がほとんどなかった尾崎の姿は「歌声」のみが強く響く存在であった。姿が見えないぶんだけ、それぞれに解釈する尾崎SONGがあった。

現在、生前を知らずに続々と誕生するファンにとっては、ＹｏｕＴｕｂｅやＤＶＤなどの映像を通じて、永遠に老いることのない尾崎豊を味わい、それぞれの人生について見つめ直すためのＢＧＭとなっているようだ。

それにしても、戻らないことは百も承知ながら、尾崎が生きていたらどんな歌を歌っていたのだろうかと思う。同い年で親友だった吉川晃司は、衰えのない身体能力とともにカリスマの座にある。当時の接点こそないが、ひとつ下になるエレファントカシマシの宮本浩次は、生き方すべてを歌に叩き込んで新たな評価を得ている。50代などまだまだ若手だというロッカーの一群に、尾崎豊もいてほしかった。今や市民権を得ている夏フェスに、颯爽とした姿を見せてほしかった。

かなわぬ夢ではある。せめて、あの輝ける夏の尾崎の咆哮と、澄んだ眼差しを少しでも「補完」できる読み物になれれば幸いである。

令和三年五月　　　　石田伸也

石田伸也

いしだ・しんや

1961年（昭和36年）10月1日、熊本県牛深市（現・天草市）生まれ。日本ジャーナリスト専門学院出身。86年よりライター活動を始め、「週刊アサヒ芸能」を中心に、主に芸能ノンフィクションを執筆。主な著書に「ちあきなおみに会いたい。」（徳間文庫）、「吉田拓郎疾風伝」「戦後70年　日本の女神烈伝」「素顔の健さん」「仁義なき戦い　100の金言」「角言ー田中角栄を刻む62のメッセージ」「1980年の松田聖子」（以上、徳間書店）、「甲斐バンド40周年　嵐の季節」（ぴあ）、「田宮二郎の真相」（青志社）など。また1989年より現在まで、若手芸人を育成するイベントを定期開催しており、さまぁ〜ずやくりぃむしちゅー、ラーメンズやアンタッチャブルなど、多くの逸材と舞台をともにした。

評伝 1985年の尾崎豊

第1刷　2021年6月30日

著　者　　石田伸也
発行者　　小宮英行
発行所　　株式会社徳間書店
〒141-8202　東京都品川区上大崎3－1－1
目黒セントラルスクエア
電　話　　編集(03)5403-4332／販売(049)293-5521
振　替　　00140-0-44392
印刷・製本　大日本印刷株式会社

ISBN978-4-19-865296-8